广东省中小学"百千万人才培养工程"
初中理科名教师培养项目丛书

丛书总主编：于 慧 李晓娟

初中数学综合与实践作业设计研究

汪丽丽 主编

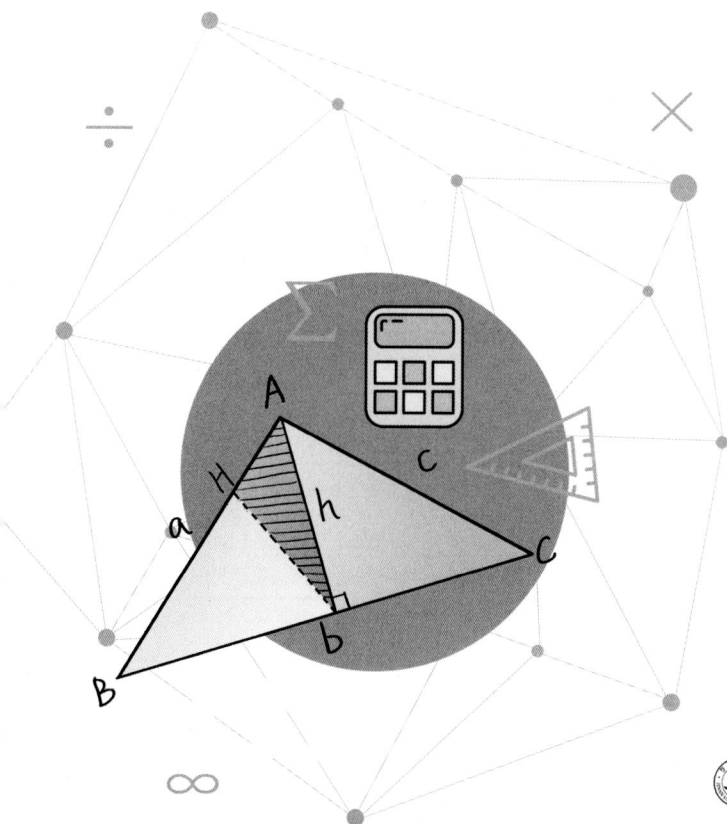

暨南大学出版社
JINAN UNIVERSITY PRESS

中国·广州

图书在版编目（CIP）数据

初中数学综合与实践作业设计研究/汪丽丽主编. —广州：暨南大学出版社，2024.10
（广东省中小学"百千万人才培养工程"初中理科名教师培养项目丛书／于慧，李晓娟总主编）
　ISBN 978－7－5668－3899－5

　Ⅰ.①初…　Ⅱ.①汪…　Ⅲ.①中学数学课—学生作业—教学设计—研究—初中　Ⅳ.①G633.602

中国国家版本馆 CIP 数据核字（2024）第 071829 号

初中数学综合与实践作业设计研究
CHUZHONG SHUXUE ZONGHE YU SHIJIAN ZUOYE SHEJI YANJIU
主　编：汪丽丽

出 版 人：阳　翼
统　　筹：黄　球　潘江曼
责任编辑：张　钊
责任校对：刘舜怡　黄晓佳
责任印制：周一丹　郑玉婷

出版发行：暨南大学出版社（511434）
电　　话：总编室（8620）31105261
　　　　　营销部（8620）37331682　37331689
传　　真：（8620）31105289（办公室）　37331684（营销部）
网　　址：http：//www.jnupress.com
排　　版：广州良弓广告有限公司
印　　刷：广州市金骏彩色印务有限公司
开　　本：787mm×1092mm　1/16
印　　张：12.25
字　　数：226 千
版　　次：2024 年 10 月第 1 版
印　　次：2024 年 10 月第 1 次
定　　价：59.80 元

前　言

在新一轮的课程改革中，数学学科的教学已经不仅仅局限于课本知识的传授，而是更加注重学生综合与实践能力的培养。然而，很多教师认为初中数学综合与实践的实施费时、费力，更谈不上作业设计。为此，我们进行了长达9年的综合与实践作业研究。这项研究旨在通过精心设计的作业，培养学生的综合运用能力和实践操作能力，进一步加深他们对数学学科知识的理解，提高其自主学习能力，同时促进教师的专业成长。

初中数学综合与实践作业设计在学生的学习和教师的教学中具有重要的作用。首先，这类作业的设计有助于提升学生的综合与实践能力。相较于传统的数学作业，综合与实践作业更加注重解决问题、探究合作、动手实践等能力的培养，能够帮助学生将所学知识应用到实际生活中，培养其解决实际问题的能力。其次，通过完成综合与实践作业，学生可以进一步理解和掌握数学学科知识，提高学习效果。再次，这类作业的设计有助于提高学生学习的能力和自主性。在完成作业的过程中，学生需要主动寻找解决问题的方法和途径，这有助于培养他们的自主学习能力。最后，综合与实践作业设计能为教师的专业成长提供机会。教师在设计作业的过程中，需要不断思考如何通过作业来培养学生的综合与实践能力，这为其专业成长提供了平台。

初中数学综合与实践作业设计主要从以下几个方面展开。首先，我们强调作业设计的综合性，即作业应涵盖多个数学知识点，引导学生综合运用所学知识解决问题；其次，作业设计注重实践性，鼓励学生通过动手操作、调查探究等方式完成作业，提高其实践能力；最后，我们关注作业的层次性和多样性，针对学生的不同需求和水平设计了不同难度和类型的作业，以激发他们的学习兴趣和挑战意识。

对于初中数学综合与实践作业设计的评价，我们认为这项研究达到了预期的目标。首先，通过综合与实践作业的布置，学生的综合运用能力和实践能力得到了显著提高。其次，学生对数学学科知识的理解和掌握也得到了加深。最后，教师的教学能力和专业素养得到了提升，实验期间我们就有两位教师在全国中青年教师优质课大赛中获得一等奖。与此同时，我们也意识到在实施过程中仍存在一些挑战和问题，例如对部分学生来说，完成这类作业可能需要更多的时间和指导。因此，我们建议教师根据学生的实际情况和需求进行适当的调整和完善，使作业设计更加符合学生的实际水平和发展需要。

　　总之，初中数学综合与实践作业设计是一项具有深远意义的研究。通过不断优化作业设计，既可以提高学生的综合运用能力和实践能力，也可以加深他们对数学学科知识的理解，提高其自主学习能力，同时促进教师的专业成长。尽管在实施过程中可能会遇到一些问题和挑战，只要我们积极应对并进行适当的调整和完善，相信这一研究将对初中数学教育产生积极而深远的影响。

编者

2024 年 8 月

目 录
CONTENTS

第一章 初中数学综合与实践作业设计概述

第一节 设计内涵

一、初中数学综合与实践作业实施背景

综合与实践是《义务教育数学课程标准（2022 年版）》（以下简称为《课标》）四个教学领域（数与代数、图形与几何、统计与概率、综合与实践）之一。然而，有的教师认为综合与实践这一部分内容考试不考，且操作繁复，费时费力，因此在教学过程中简单带过，甚至不讲；有的教师意识到这部分内容是培养学生综合运用学科知识和跨学科解决问题能力的最佳切入口，但没有深入思考和广泛研讨，只是以常规课堂思路实施教学和作业布置，导致现实的课堂教学形态和效果与《课标》倡导的理念要求相去甚远，更无从谈及综合与实践作业的设计。目前，国内外关于初中数学综合与实践作业虽有研究，但局限在强调内容的重要性与意义，典型案例也不多，尚没有一项指导中学数学教师基于综合与实践的教学内容进行作业设计的综合研究。

二、我校综合与实践作业设计理念

《课标》指出：要使学生能充分、自主地参与综合与实践活动，选择恰当的问题是关键。这些问题既可以来自教材，也可以由教师开发。提倡教师选用、开发、生成更多适合本地学生特点、有利于实现综合与实践课程目标的好问题。东莞外国语学校（以下简称"我校"）通过综合与实践的研究实践，以校本活动课为载体，把《课标》中综合与实践的教学活动校本化，内容为教材里对应的"数学活动""课题学习"版块，以及教材以外的拓展内容。这是以问题为载体、以学生自主参与为主的学习活动，目的在于培养学生的问题意

识、应用意识、创新意识，培养学生综合运用相关知识与方法的能力，帮助学生积累活动经验，提高学生解决现实问题的能力。初中数学综合与实践，作为校本必修课程在我校推广，每周一个课时，初一阶段名为"趣味数学"，初二阶段名为"逻辑数学"，初三阶段名为"智慧数学"。内容涵盖数学史学教育、数学美学教育、辩证思想教育、课本知识拓展等，并且把"数学思想方法"及"数学活动经验"融合到校本课程中。通过9年的实践研究，我们已经形成初中三年完整的数学综合与实践课程体系，出版专著《初中数学综合实践教学改革研究》（汪丽丽，2022），大大降低了一线教师对综合与实践课程实施教学的难度，提升了课堂教学效果，同时更好地激发了学生学习数学的兴趣和动力，帮助学生理解所学内容，巩固相关技能，开拓数学视野，使得学生更好地阅读数学、了解数学、欣赏数学。

为了更进一步促进综合与实践教学中的有机组成部分——作业环节的实施，我们再次进行了梳理和优化，依据杜威和克伯屈"作业即学习活动"的理念（见表1-1）设计我校的综合与实践作业。

表1-1　杜威和克伯屈"作业即学习活动"的理念

模式	课堂问题探究	研究性学习
代表人物	杜威	克伯屈
作业功能	1. 应用并适应社会需求 2. 发展思维、智慧，培养情感和道德	培养兴趣、合作能力、解决问题的能力
作业形式	活动作业、有用的作业	项目任务、主题任务
作业思想的主要贡献	1. 明确作业是实现课程目标的手段 2. 强调"做中学"，作业功能多样化 3. 关注对校内作业和校外作业关系的处理 4. 强调作业情境设计，要求有整体性 5. 重视心理学的应用，强调作业内容与形式要适应不同阶段的儿童 6. 强调作业的全面育人功能	1. 强调以主题或项目为中心进行设计 2. 思考"为谁设计"这一问题 3. 关注对校内作业和校外作业关系的处理 4. 强调综合各个学科知识与要求

　　我校初中数学综合与实践作业事实上是综合与实践课程的一个重要环节。作业与教学有交叉，即作业既可以巩固教学中的知识与技能、能力与方法，也可以弥补学生学习综合与实践课程时难以完成的其他校外学习活动，如必要的课外实践、阅读、劳动等。作业与教学共同作用来实现整体综合与实践课程的目标，具体关系如图 1-1 所示：

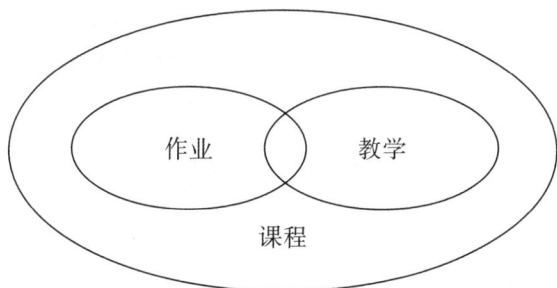

图 1-1

　　"双减"背景下，我校初中数学课后作业，特别是周末和假期作业，减少了书面类，增加了大量综合与实践类。因此，我校的综合与实践作业的目标与教学的目标不是简单的从属关系，而是更加强调相互促进和补充的关系，共同保障综合与实践课程目标的实现。实施过程中，在学生完成基础的作业后，引导学生根据自己的学习特点，补充适合自己的学习任务，如阅读、做实验、调查研究等。实践研究表明，学生完成教师布置的作业的时间越长，提高学业成绩的效果越不明显，回归系数为 -0.126，说明学习效率与作业时间并不成正相关；但学生完成自主学习的时间越长，提高学业成绩的效果越明显，回归系数为 0.255，说明学习效率与学生自主学习时间成正相关。在这个过程中，学生学会了自我管理、自我评价。难度设计应依据学情，从学生的最近发展区出发，难度过高或者过低都会产生消极影响。

　　具体而言，初中数学综合与实践作业在我校校本化的实施分三个年级，由易到难，由具体到抽象，呈螺旋上升。

　　初一趣味数学作业内容是通过综合与实践活动，让学生感受到数学的趣味性和实用性。通过组织数学游戏、数学谜题等活动，激发学生的好奇心和求知欲，培养他们对数学的兴趣和热爱。例如运用有理数运算知识，布置综合与实践的 24 点游戏智慧等级闯关作业、一周生活费规划项目式学习作业等，让学生运用数学知识解决这些问题，从而感受到数学的趣味性和实用性。

初二逻辑数学作业内容是培养学生的数学思维和逻辑推理能力。综合与实践作业更多的是设计一些具有挑战性的问题，让学生在解决问题的过程中不断尝试、探索、总结、发现。例如，可以让学生用尽可能多的方法证明勾股定理，了解中西方在证明勾股定理过程中的文化差异，培养学生的逻辑推理能力和数学思维能力的同时培养学生多元化的思维和辩证批评的能力。

初三智慧数学作业内容是培养学生的数学素养和解决问题的能力。例如，面对制作视力表这个跨学科的作业，学生在运用数学知识解决问题的同时还需要融合生物、物理等学科知识，从而培养自己的数学素养和解决问题的能力。

第二节　设计策略

一、以《课标》为依据设计作业目标

初中数学综合与实践作业目标要以《课标》中的第四学段目标为依据：在项目学习中，综合运用数学和其他学科的知识与方法解决问题，积累数学活动经验，发展核心素养。可见，综合与实践作业目标设计更加体现跨学科的特点与要求，体现"五育并举"的全面育人思想。

作业一：七年级"趣味数学"——一周生活费规划

在学完有理数运算后，进行一周生活费规划项目式学习，完成综合与实践作业，让学生记录在校一周的收入与消费情况。他们可以通过"一卡通"详细查询，收入记为正数，消费记为负数。

如表1-2，作业一是为期一周的"长"作业，学生需要持续记录一周数据并运用有理数运算法则进行计算，教师要及时引导学生观察数据，如果存在入不敷出、消费过多等情况，要根据自己的实际情况及时调整，最后对一周的生活费进行汇总，再向全班汇报。在完成"长"作业的过程中，学生充分发挥自主性，在积累基本数学活动经验的同时，掌握有理数的运算，学会量入为出、合理规划消费，提升理财意识。这样的综合与实践作业设计能让学生体会到数学源于生活并服务于生活，从而通过作业达到学科育人的目的。

表 1 - 2 　一周生活费规划

作业目标序号	目标描述	学习水平
1	阅读教材	了解
2	理解"收入""支出""结余"等概念的含义	理解
3	记录一周内每天的生活费"收入""支出""用途"等情况，并运用有理数运算法则计算每天的花费和结余，完成任务单	应用
4	查找资料，制作幻灯片，运用统计图（条形图、折线图、扇形图等），图文并茂地总结分享自己合理消费的技巧和秘密（如通过卖废品等方式，既保护了环境，又锻炼了身体，还积攒了零花钱）	综合应用

二、以跨学科融合为主线设计作业类型

综合与实践作业要打破学科限制，发现各学科之间的相通性，让数学走进其他学科领域。为此，各学科教师要通力协作，通过设计跨学科的综合性问题，让学生了解所学知识和其他学科之间的关联，发展学生的应用意识和创新能力。

作业二：七年级"趣味数学"——几何画板创意绘画

《课标》指出：利用数学软件等教学工具开展数学实验，将抽象的数学知识直观化，促进学生对数学概念的理解和数学知识的建构。人民教育出版社（简称"人教版"）出版教材中部分章节有"信息技术应用"选学栏目，我校七年级"趣味数学"的综合与实践课程中，使用几何画板中的元素——直线、圆、多边形、曲线，经过轴对称、旋转、平移、迭代等图形变换，以"抗疫"为主题，创意绘图，用一句简练、优美的话概括自己的设计意图，并开辟专栏展示优秀作业及其创意（如图 1 - 2）。

（1）

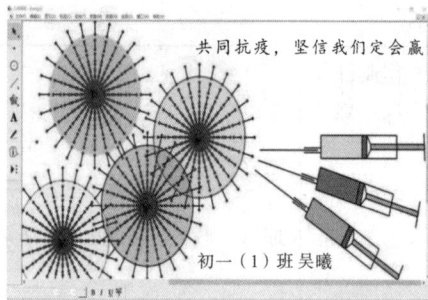

（2）

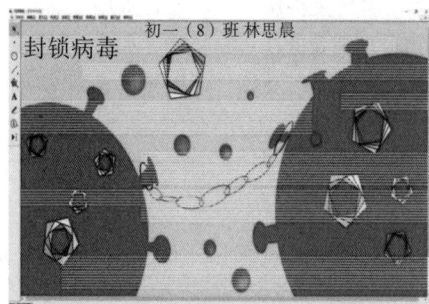

（3）

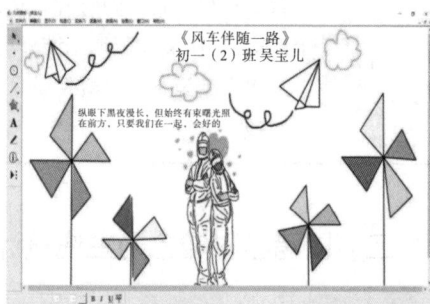

（4）

图 1－2

三、以社会热点问题为背景设计作业内容

以社会热点问题为背景设计作业有助于学生积极地收集信息、获取知识、探讨方案，架起数学知识与生活的桥梁，唤起他们的好奇心和求知欲。

作业三：八年级"逻辑数学"——贸易进出口顺逆差探究

数学与社会主义市场经济息息相关，从量化的角度引导学生认识贸易顺差、贸易逆差、贸易平衡等概念，培养建模意识，既能让他们学会用数学的方法解决经济问题，又有助于其从中了解相关的经济常识。作业内容如下：

"贸易差额＝出口总额－进口总额"，用贸易差额可以表示一段时间内某国对外贸易的收支情况。

当"出口总额＝进口总额"时，称"贸易平衡"；

当"出口总额＞进口总额"时，称"贸易顺差"；

当"出口总额＜进口总额"时，称"贸易逆差"。

贸易顺差用正数表示，贸易逆差用负数表示。请阅读表 1-3、表 1-4，并回答问题。

表 1-3　1820—1829 年中英进出口贸易价值表

（单位：银两）

年度	1820—1829
出口总额	1 001 584 155
进口总额	70 582 955
进出口总额	1 072 167 110
贸易差额	
贸易顺差/逆差	

资料来源：严中平，徐义生，姚贤镐，等. 中国近代经济史统计资料选辑 [M]. 北京：中国社会科学出版社，2012.

表 1-4　1870—1879 年中英进出口贸易价值表

（单位：银两）

年度	1870—1879
出口总额	480 073 794
进口总额	664 473 290
进出口总额	
贸易差额	
贸易顺差/逆差	

资料来源：姚贤镐. 中国近代对外贸易史资料：1840—1949 [M]. 北京：科学出版社，2016.

（1）请把表 1-3 和表 1-4 补充完整。

（2）1820—1829 年，中国处于贸易顺差的原因是什么？1870—1879 年，中国从贸易顺差变为贸易逆差的原因又是什么？贸易顺差与贸易逆差对一个国家的经济发展会产生哪些影响？贸易逆差越小越好这个观点是否正确？请联系历史与现实，写一篇 500 字的小论文，谈谈你对中国贸易差额的看法。

"双减"背景下，综合与实践作业设计要与学生的现实生活有机结合，在真实情境中解决问题，这样才能让他们更好地运用所学，实现知识的迁移和运用，从而实现"减负提质"的目标。对于作业三，学生不仅要通过数学方法计算史料中的贸易顺逆差，而且要查询史料，知道表1-3、表1-4分别代表鸦片战争前后中国贸易进出口情况——鸦片战争爆发后，中国经济实力急剧下滑。通过真实的情境、鲜明的数据让学生深刻体会到"落后就要挨打"的道理，以培养其家国情怀。

"双减"既要减轻学生的作业负担，又要培养他们的学科核心素养，这就对作业设计提出了更高的要求。各学科课标中均要求有10%的跨学科内容时，如果割裂完成跨学科作业，无疑会加重学生的负担。因此，教师应通过彼此之间的合作，共同研究设计跨学科项目式作业，找准"整合点"并充分利用，以提高效率。作业二以"抗疫"为主线，把数学知识与信息技术、文学知识、美学知识等有机融合，有一定的弹性和开放性，使学生在获取知识的同时，提高了自身的实践能力、思维能力、分析能力、建模能力，发展了创新思维。其中的创意设计、画面构图、色彩搭配、比例设置等，对提升学生的美学素养也大有裨益。

四、以多元化呈现为内核实施作业设计

除了常规的书面作业，还有开放的设计方案、调查报告、小论文等作业形式，运用数学原理折纸，数学实验等操作类作业形式，参观钱币博物馆、社区服务等社会实践类作业形式。综合与实践作业设计要依据学情，通过多元化的呈现方式，满足学生不同的需求，达到"减负提质"的目的。

作业四：九年级"智慧数学"——制作视力表

目前，无论是军队征兵体检还是学生升学体检，均采用国际标准视力表（常见3 m）。然而，视力表中每个相似的"E"位置固定不变，可以通过记忆指出所在位置，致使视力测试误差较大。我校九年级"智慧数学"的综合与实践作业，就让学生尝试解决这一真实问题。他们可以上网查阅相关资料，通过劳动自制实物或设计图，根据自己的能力水平进行选择或组合。

任务1　认识"E"

以小组为单位量度3 m视力表（如图1-3）中"E"的线段a、b、c、d、e的长度（精确到1 mm），并填写表1-5（每小组只量一组数据）。

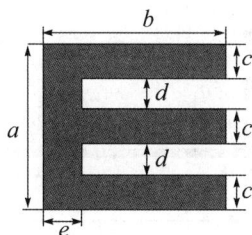

图 1 - 3

表 1 - 5

视力	小组	a/mm	b/mm	c/mm	d/mm	e/mm
0.1	1					
0.2	2					
0.3	3					
0.4	4					
0.5	5					
0.6	6					
0.8	7					
1.0	8					
1.2	9					
1.5	10					
2.0	11					

问题 1：观察表 1 - 5 中的数据，你发现 a、b、c、d、e 之间有什么关系？

问题 2：观察表 1 - 5 中的数据，所有这些"E"有什么关系？

问题 3：怎样制作"E"型图？

任务 2　探究视力表的制作原理完成作业（见表 1 - 6）

任取两个大小不同的"E"，编号为①②，如图 1 - 4 放置在水平桌面上，观测点 O 紧贴桌沿。

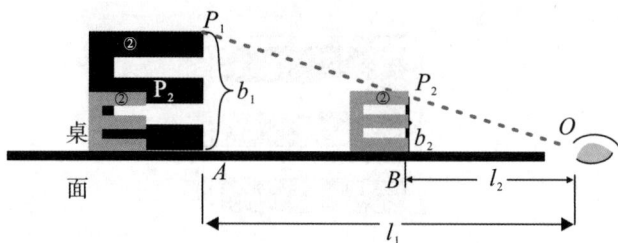

图 1 - 4

问题 1：将②号"E"沿水平桌面向右移动，观察点 P_1、P_2、O 是否能在一条直线上？

问题 2：测量出此时 l_1、l_2、b_1、b_2 的长度，计算出的 $\dfrac{b_1}{l_1}$ 与 $\dfrac{b_2}{l_2}$ 值。

问题 3：实验中你能得到哪些结论？你能解释这些结论吗？

问题 4：按照上面的结论，如果测试距离 l_1 为 5 m、视力为 0.1 的"E"高 b_1 为 72 mm，那么测试距离 l_2 为 3 m、视力仍为 0.1 的"E"高为多少呢？

问题 5：高为 15 cm，用它来测试 0.1 的视力需要站在多远处？

表 1 - 6

作业类型	序号	内　容	难度
书面	A1	度量国际标准视力表（3 m）每个"E"各边的长度，并完成任务单	易
	A2	写出不同距离视力表的换算原理，并计算出自己房间距离的视力为 0.1~1.5 的"E"的每条边长	中
	A3	根据制作过程，写一个研究报告，说明如何解决"E"的位置固定不变导致的误差问题	困难
其他	B1	制作一个国际标准视力表中的"E"	中
	B2	制作一个适合自己房间大小的视力表（注明距离）	难
	B3	制作一个国际标准视力表（3m），解决"E"的位置固定不变导致的误差问题	困难

本项目难度较大，通过项目式任务单的引领，语言表达能力强、有创意但动手能力弱的学生可以选择表 1 - 6 中的 A3 - B1 组合；动手能力强但语言表

达能力弱的学生可以选择 A1－B3 或 A2－B3 组合；综合能力较弱的学生可以选择 Al－B1 组合；综合能力较强的学生可以选择 A3－B3 组合。以下展示学生设计的部分作品：旋转视力表（如图1－5）、平移视力表（如图1－6）、红外线遥控视力眼镜（如图1－7）、护眼视力表书签（如图1－8），其基本理念是让视力表"动"起来。

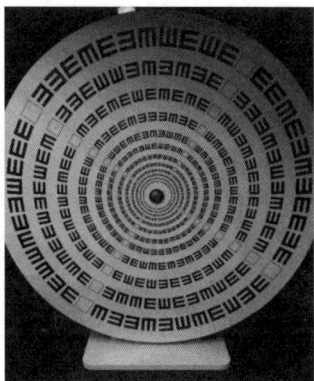

图1－5

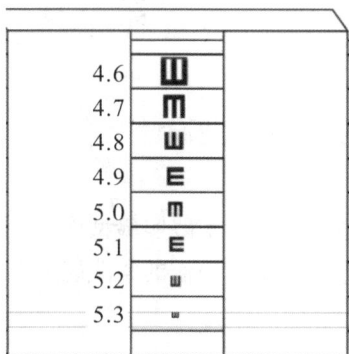

图1－6

图1－7

图1－8

"双减"背景下，除了减轻学生的作业负担外，更重要的其实是缓解他们心理层面的压力，让他们养成积极主动的学习习惯。作业四根据学情设置多元化的自选分层作业，学生可以根据自己的学习情况选择作业组合，培养其创新意识与动手实践能力，树立正确的数学观，养成好习惯。学生在思辨分析的过程中启迪智慧，形成缜密的逻辑思维，增强克服困难的信心。

"双减"背景下，我校综合与实践作业依托《课标》设计目标，通过仿真情境、问题驱动，找准"整合点"，集零为整，各学科教师共同探究，把割裂的学科作业进行有效融合，降低重复率，提高利用率，让学生自主参与实践探索，改变传统纸笔作业的样态，以多元化方式呈现，分层自选作业，满足他们个性化发展的需求，真正做到"减负提质"。

第三节　设计类型

一、实验型作业设计

初中数学综合与实践实验型作业是指通过实验活动来巩固和深化学生对数学知识的理解，培养他们的实践能力和创新精神。以下是我校常用的一些实验型作业设计：

（一）数学实验作业

通过观察实验和验证数学知识，加深对数学概念和公式的理解。例如，初二逻辑数学中通过对四个全等的直角三角形实验拼接，探究直角三角形三边长的关系，完成用多种方法证明勾股定理的作业。

（二）数学游戏作业

通过游戏的形式，让学生在轻松愉快的氛围中巩固数学知识。例如，完成数独游戏，将数学思维训练融入其中。

（三）数学测量

通过测量实践，巩固和深化几何、测量等方面的数学知识。例如，要求学生测量旗杆的高度，通过测量旗杆的影长，根据已学相关知识求出旗杆高度。

这些实验型作业设计，可以让学生在实际操作中深化对数学知识的理解，提高他们的实践能力和创新精神，同时可以增强他们的自信心。

二、操作型作业设计

操作型作业设计是指通过具体的实践活动来帮助学生更好地理解数学知

识，提高他们的动手能力和解决问题的能力。以下是我校常用的一些操作型作业设计：

（一）制作数学模型作业

学生可以动手制作各种数学工具，例如测量仪、角平分线仪等，了解这些工具的用途和使用方法；还可以用数学知识制作一些实用的模型，例如制作几何图形模型、数学公式模型等，以便更好地理解数学知识的应用。

（二）数学写作作业

学生可以通过写作的方式，记录自己对某个数学问题的思考和解决过程，也可以针对一个数学问题或一个数学家进行深入研究，并撰写一篇数学小论文，以便更好地了解数学问题的解决方法。这样的作业可以培养学生的数学写作能力和思维表达能力。

（三）数学课外活动作业

可以让学生以小组为单位组织一些有益的数学课外活动，例如学生自己举办的数学讲座、"一站到底"数学竞赛等，以便更好地拓展学生的数学视野。

这些操作型作业设计，可以让学生在实际操作中巩固数学知识，提高他们的动手能力和解决问题的能力，也可以增强他们的团队合作意识和创新意识。

三、调查型作业设计

调查型作业设计是指通过组织学生开展调查活动，帮助他们了解数学知识的应用，提高他们的调查能力和数据处理能力。以下是我校常用的一些调查型作业设计：

（一）"身边的数学问题"调查作业

让学生深入社会、生活中去调查身边的数学问题，例如调查超市的打折优惠方式、房屋的售价与租价等，并根据数据进行一些简单的分析，以便更好地了解数学知识的实际应用。

（二）数学史调查作业

让学生探究数学史中一些有趣的数学家或问题，例如探究数学家的成长经历、数学问题的研究史等，以便更好地了解数学的发展历程。

（三）金融知识调查

要求学生了解身边的金融知识，例如银行利率、股票走势图等，以便更好地了解金融市场的运作。

这些调查型作业设计，可以让学生在实际调查中了解数学知识在实际生活中的应用，提高他们的调查能力和数据处理能力，也可以增强他们的社交能力和独立思考能力。

四、研究型作业设计

研究型作业设计是指通过引导学生进行自主探究，帮助其深入了解数学知识，提高研究能力和创新能力。以下是我校常用的一些研究型作业设计：

（一）数学问题探究

要求学生针对一个数学问题进行深入探究，例如探究抛物线背景下的面积计算方式，并尝试用公式表示出来，以便更好地理解数学的奥秘。

（二）数学建模研究

要求学生利用数学知识建立一个模型，例如要求他们设计一种最优化的方案，使得在"双十一"购物活动中获得最经济的价格，以此感悟数学建模的用途和乐趣。

（三）数学应用案例研究

要求学生针对一个数学应用案例进行深入研究，例如探究数学在物理、化学、生物等方面的应用案例，进行跨学科的研究，以此更好地了解数学的应用价值和意义。

这些研究型作业设计，可以让学生在实际探究中深入了解数学知识，提高他们的研究能力和创新能力，同时可以增强他们的自信心。

第二章　初中数学综合与实践作业设计研究案例：趣味数学

第一节　数学家的故事

古今中外，有许许多多著名的数学家，他们的生平故事一直激励着我们不断前进。现在就让我们一起来了解一些著名数学家的生平故事吧！

古往今来，在浩如烟海的科学著作中，发行最广、沿用时间最长的书是哪一部？回答肯定是欧几里得的《几何原本》。欧几里得是公元前3世纪的古希腊数学家，是我们现在所学的欧氏几何的创始人，历史上被称为"几何学之父"。欧几里得把毕生的精力献给了科学事业。他一生刻苦钻研，治学严谨。他在科学事业上的伟大成就，正是通过自己的辛勤劳动换来的。因此，他始终反对那种不想付出辛勤劳动，指望通过走捷径、投机取巧来取得成绩的治学态度。

在欧几里得以前，几何学知识缺乏系统性，大多数是片段、零碎的知识。随着社会经济的繁荣和发展，特别是随着农林畜牧业的发展、土地开发和利用的增多，把这些几何学知识加以条理化和系统化，形成一整套前后贯通的知识体系，成为科学进步的大势所趋。欧几里得下定决心要完成这一项工作，成为几何学第一人。为了完成这一重任，欧几里得从雅典来到埃及新埠——亚历山大城。经过无数个日日夜夜，欧几里得忘我的劳动终于在公元前300年结出丰硕的果实，这就是几经易稿而最终成书的《几何原本》。

《几何原本》是一部集前人思想和欧几里得个人创造于一体的不朽之作。这部书基本囊括了几何学从公元前7世纪一直到公元前4世纪——欧几里得的生活时期，前后总共400多年的发展历史。它不仅保存了许多古希腊早期的几何学理论，而且通过欧几里得开创性的系统整理和完整阐述，使这些远古的数学思想发扬光大。它开创了古典数论的研究，在一系列公理、定义、公设的基础上，创立了欧几里得几何学体系，成为用公理化方法建立起来的数学演绎体系的最早典范。全书共分13卷，包含了5条"公理"、5条"公设"、23个定义和467个命题。

欧几里得是古希腊最负盛名、最有影响的数学家之一。欧几里得的《几何原本》对于几何学、数学和科学的发展，以及西方人的思维方式都有极大的影响。两千多年来，《几何原本》一直是学习几何的主要教材。哥白尼、伽利略、笛卡尔、牛顿等许多伟大的科学家都学习过《几何原本》，从中汲取了丰富的营养。《几何原本》既是数学巨著，又是哲学巨著，并且第一次完成了人类对空间的认识。除《圣经》之外，没有任何其他著作的研究、使用和传播之广泛能够与《几何原本》相比。

高斯于1777年4月30日出生于德国一个农民家庭。高斯自小就对一切现象和事物非常好奇，而且决心弄个水落石出。

他从小就酷爱数学。据说在他不满三岁的时候，有一天父亲在算账，计算结束后念出了钱数准备写下时，身边传来他稚嫩的声音："爸爸，算错了，总数应是……。"父亲惊讶不已，复算结果，发现他的答案是正确的。

高斯念小学的时候，有一次教师在教完加法后，因为想要休息，便随手出了一道题目要同学们算算看，题目是：$1+2+3+\cdots+97+98+99+100=?$ 教师心里想，这下子小朋友们一定要算到下课了吧！教师正要借口出去时，却被高斯叫住了！原来高斯已经算出来了。

高斯告诉大家他是如何算出的：把1加至100与100加至1排成两排相加，也就是说：

$$1+2+3+4+\cdots+96+97+98+99+100$$
$$+100+99+98+97+96+\cdots+4+3+2+1$$
$$=101+101+101+\cdots+101+101+101+101。$$

共有一百个101相加，但算式重复了一次，所以把10 100除以2便得到答案，即等于5 050。

从此以后，高斯的小学学习过程就已经超越了其他同学，也奠定了他的数学基础，使他离成为数学天才又近了一步。

作业一（研究型——数学问题探究）：
你能计算出 $1+2+3+\cdots n$ 的和，并探索其中的规律么吗？

笛卡尔（1596—1650），法国数学家、物理学家、哲学家，解析几何学奠基人之一。他认为数学是其他一切科学的理论和模型，提出了以数学为基础、以演绎为核心的理论，对后世的哲学、数学和自然科学发展起到了巨大的作用。

在笛卡尔时代，代数还是一个比较新的学科，几何学的思维还在数学家的头脑中占有统治地位。笛卡尔分析了几何学和代数学的优缺点，表示要寻求一种包含这两门科学的优点而剔除其缺点的方法。这种方法就是用解析几何——代数方法来研究几何问题。他因将几何坐标体系公式化而对现代数学的发展作出了重要的贡献，被誉为"解析几何之父"。

此外，现在使用的许多数学符号都是笛卡尔最先使用的，包括已知数 a、b、c 以及未知数 x、y、z 等，还有指数的表示方法。他还发现了凸多面体边、顶点、面之间的关系，后人称为欧拉—笛卡尔公式。微积分中常见的笛卡尔叶形线也是他发现的。

作业二（调查型——数学史调查）：

上网或去图书馆了解笛卡尔的生平事迹，了解他在数学和哲学上的贡献，并给你的小伙伴们讲讲。

华罗庚（1910 年 11 月 12 日—1985 年 6 月 12 日），世界著名数学家，是中国解析数论、矩阵几何学、典型群、自守函数论等多方面研究的创始人和开拓者。在国际上以华氏命名的数学科研成果就有"华氏定理""华氏不等式""华氏算子""华—王方法"等。他为中国数学的发展作出了举世瞩目的贡献。美国著名数学家贝特曼著文称："华罗庚是中国的爱因斯坦，足够成为全世界所有著名科学院的院士。"华罗康被列为芝加哥科学技术博物馆中当今世界 88 位数学伟人之一。

中学毕业后，华罗庚因交不起学费而被迫失学，一边帮父亲干活，一边继续顽强地读书自学。不久，他又身染伤寒，左腿有疾。当时，他只有 19 岁。在那迷茫、困惑乃至近似绝望的日子里，他想起了双腿残疾著兵法的孙膑。"古人尚能身残志不残，我才 19 岁，更没理由自暴自弃，我要用健全的头脑，代替不健全的双腿！"青年华罗庚就是这样顽强地和命运抗争。白天，他忍着关节剧烈的疼痛，拄着拐杖干活；晚上，他在油灯下自学到深夜。

1930 年，他的论文在《科学》杂志上发表。这篇论文惊动了清华大学数学系主任熊庆来教授。之后，清华大学聘请了华罗庚当助理。在名家云集的清华园，华罗庚一边工作，一边在数学系旁听，发表了多篇论文，还用 4 年时间自学了英文、德文、法文。

宇宙之大，粒子之微，火箭之速，化工之巧，地球之变，生物之谜，日用之繁，数学无处不在。

——华罗庚

这曾是一个举世震惊的奇迹：一位屈居于 6 平方米小屋的数学家，借一盏昏暗的煤油灯，伏在床板上，用一支笔，耗去了几麻袋的草稿纸，攻克了世界著名数学难题"哥德巴赫猜想"中的"1＋2"。创造这个奇迹的人正是我国著名数学家陈景润。

1933 年 5 月 22 日，陈景润出生于福建省福州市。他从小就身体瘦弱，性格内向，独独爱上了数学。演算数学题占据了他生活中的大部分时间，枯燥无味的代数方程式带给了他幸福感。1953 年，陈景润毕业于厦门大学数学系。由于对数论中一系列问题的出色研究，他受到华罗庚的重视，被调到中国科学院数学研究所工作。20 世纪 50 年代，陈景润对高斯圆内格点问题、球内格点问题、塔里问题与华林问题的以往结果作出了重要改进。20 世纪 60 年代后，他又对筛法及其有关重要问题进行了广泛、深入的研究。

"哥德巴赫猜想"这一 200 多年悬而未决的世界级数学难题，吸引了各国成千上万位数学家的注意，而真正能对这一难题提出挑战的人却很少。陈景润在读高中时就听教师极富哲理地讲：自然科学的皇后是数学，数学的皇冠是数论，"哥德巴赫猜想"则是皇冠上的明珠。这一至关重要的启迪之言，成了他一生呕心沥血、矢志不渝的奋斗目标。为证明"哥德巴赫猜想"，摘取这颗世界瞩目的数学明珠，陈景润以惊人的毅力在数学领域里艰苦卓绝地跋涉。陈景润宿舍的灯经常亮到天明。他对"哥德巴赫猜想"达到了入迷的程度。在图书室看书时，管理员喊下班了，他完全没有反应，等到肚子饿了才想到要吃饭，匆匆向外走去，结果是"铁将军"把门。他笑了笑，又转身回到书库，重新钻进了书海。他走路时也是边想边走，有一次他撞到路旁的大树，连忙道歉，但对方并没有反应，仔细一看，才知道自己撞的是一棵茂盛的白杨树。

1966 年，陈景润患上严重的结核性肺膜炎，有时疼得昏了过去，可醒来又继续演算。有一次他又昏倒了，同志们把他送进了医院。醒来后，他又要他的书和笔。大夫让他全休一个月，他却偷偷地跑出了医院，病魔也没有使他停止对"哥德巴赫猜想"的研究。

辛勤的汗水换来了丰硕的成果。1973 年，陈景润终于找到了一条简明的证明"哥德巴赫猜想"的道路。他的成果发表后，立刻轰动世界。其中"1＋2"被命名为"陈氏定理"，被誉为筛法的"光辉的顶点"。华罗庚等老一辈数学家对陈景润的论文给予了高度评价。世界各国的数学家也纷纷发表文章，赞扬陈景润的研究成果是"当前世界上研究'哥德巴赫猜想'最好的一个成果"。

陈景润研究"哥德巴赫猜想"和其他数论问题的成就，至今仍然在世界上遥遥领先。世界级的数学大师、美国学者阿·威尔曾这样称赞他："陈景润的每一项工作，都好像是在喜马拉雅山山巅上行走。"1978 年和 1982 年，陈景润两次受到国际数学家大会的最高规格邀请——作 45 分钟主题报告。

此外，陈景润还在组合数学与现代经济管理、尖端技术和人类密切关系等方面进行了深入的研究和探讨。他先后在国内外期刊上发表了科学论文 70 余篇，并出版《数学趣味谈》《组合数学》等著作，曾获国家自然科学奖一等奖、何梁何利基金奖、华罗庚数学奖等多项奖励。陈景润在国内外都享有很高的声誉，却毫不自满。他说："在科学的道路上我只是翻过了一个小山包，真正高峰还没有攀上去，还要继续努力。"

作业三（操作型——数学写作）：

同学们读了中国伟大数学家华罗庚和陈景润的故事后，是否深受感动与启发？请把你的所思、所想、所感写在下面。

第二节　24 点游戏

你知道用扑克牌可以玩什么数学游戏吗？扑克牌有哪些与数学有关的知识？24 点游戏有什么由来？如何玩 24 点游戏？玩 24 点游戏有什么技巧？

在数学游戏王国中有一个有趣的游戏——"巧算 24 点"。"巧算 24 点"是中学生喜闻乐见的数学游戏活动，它是将四则运算赋予了操作性和趣味性的数学游戏，游戏方式简单易学，是一项益智活动。24 点游戏中涉及的游戏娱乐、美学欣赏、哲学思考、实用价值等因素有效交织在一起。

研究表明，玩24点游戏能够提高记忆力和头脑清晰度，甚至可预防阿尔茨海默病等大脑疾病。因此，一些科学家和研究人员建议将24点游戏作为日常活动的一部分。同学们对这个游戏认识多少呢？本单元就让我们走进有趣的24点游戏吧！

24点游戏的实质是有理数的混合运算，可以考查学生运算的熟练程度以及对数据的敏感性，提高学生的计算能力；还可以集中学生的注意力，训练学生的发散思维，培养学生的创新能力。因此，这种游戏可以被运用在很多学段的数学教学中。比如，江苏教育出版社出版（简称"苏教版"）的小学数学教材（三年级下册）就在"混合运算"单元后设置了"算24点"的综合与实践活动；上海教育出版社出版（简称"沪教版"）小学数学教材（四年级上册）在"三步计算式"问题中也用到了"算24点"作引入载体；江苏凤凰科学技术出版社（简称"苏科版"）和北京师范大学出版社（简称"北师大版"）的初中数学教材（七年级上册）"有理数的混合运算"小节后都设置了"算24点"的综合与实践活动。其实，高中数学中也有新的运算引入（如排列组合），教学中也可以用到"算24点"。甚至，某年某省公务员考试中也出现了"算24点"。

扑克牌的那些事

（1）一副扑克牌有54张，大王代表太阳，小王代表月亮，其余52张代表一年中的52个星期。

（2）有四种花色：红桃、方块、梅花、黑桃，分别象征着春、夏、秋、冬四个季节。每种花色各有13张牌，表示每个季节有13个星期。

（3）把J、Q、K当作11、12、13点，大王、小王各为半点，一副扑克牌的总数点数恰好是365。如果把大王、小王各算为1点，则总点数是366。

风靡一时的24点游戏

24点纸牌（扑克牌）游戏是我国经典的数学游戏之一，据说是由旅美华人孙士杰发明的。20世纪80年代中期，孙士杰从中国上海到美国定居。孙士杰有几位邻居是美国人。邻居家的小孩到他家串门，他没有别的玩具供孩子们玩，就灵机一动，拿出一副扑克牌来教他们玩24点。谁知，这一玩，竟令美国孩子着了迷。这些孩子又把这种游戏带回家和学校。人们发现这种游戏对开发智力十分有益，后来就在全球传播开了。但1979年1月由毛之价、徐方瞿整理定稿并出版的《有趣的数学》中的"看谁算得快"早就谈论了这类24点游戏，其基本原理、构思等，都与孙士杰的发明一致。

24点游戏规则

24点游戏规则如下：一副扑克牌中抽去大小王剩下52张，其中A、J、Q、K分别表示数学1、11、12、13，如果初练也可简单地取其中的A—10的数字牌，共40张，任意抽取4张牌（称牌组），用加、减、乘、除（可加括号）把牌面上的数算成24。每张牌必须用一次且只能用一次。

24点运算的不确定性

（1）经计算机准确计算，随机的4个1~13的整数（数字可重复）中，能够算得24的概率约为74.835%。

（2）从扑克牌中任意抽出4张（数字表示为1~13），用加、减、乘、除的方法使结果成为24，每张牌只能用一次。一副牌（52张）中，任意抽取4张可有1 820种不同的组合，其中有458个牌组算不出24点。

（3）无解的情况没有规律，只能靠自己摸索，多尝试。

（4）同一道题可能有不同的解法。

作业一（实验型——数学游戏）：

（1）请用3、8、8、9四个数进行24点游戏。你有几种解法？请写出每一种解法的算式。

（2）请大家思考为什么是算24点，而不是算23、25等其他点数呢？

巧算24点游戏的技巧

24点游戏有哪些技巧呢？

技巧一：利用乘法常见算式进行凑数

利用 $3 \times 8 = 24$，$4 \times 6 = 24$，$2 \times 12 = 24$ 求解。

即设法把四个数凑成3和8、4和6、2和12，再相乘求解。实践证明，这种方法是利用率最大、命中率最高的一种方法。

【例1】

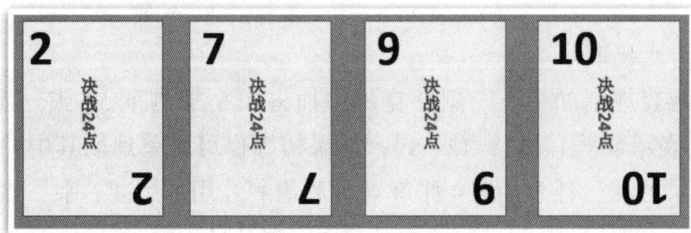

【解析】

第一步：2、7、9、10 中出现了数字2，考虑是否可以用 $2 \times 12 = 24$ 进行凑数。

第二步：既然想利用 $2 \times 12 = 24$ 进行凑数，那么已知四个数中的2就要排除在外，即要用7、9、10凑出12。显然 $9 - 7 + 10 = 12$，故结果为：$2 \times (9 - 7 + 10) = 24$。

【例2】

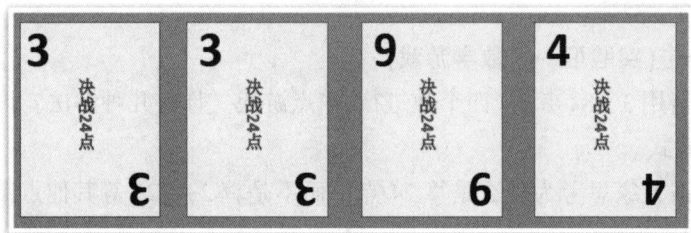

【解析】

方法一

第一步：给定四个数字中有3，考虑是否可以利用 $3 \times 8 = 24$ 进行凑数。

第二步：既然想利用 $3 \times 8 = 24$ 进行凑数，那么已知四个数中的一个3就要排除在外，即需要用3、4、9凑出8。已知有个数字9比8多1，那么用剩下的3、4凑出一个1即可。显然 $4 - 3 = 1$，故结果为 $3 \times [9 - (4 - 3)] = 3 \times (9 + 3 - 4) = 24$。

方法二

第一步：给定四个数字中有4，考虑是否可以利用 $4 \times 6 = 24$ 进行凑数。

　　第二步：既然想利用 $4 \times 6 = 24$ 进行凑数，那么已知四个数中的 4 就要排除在外，即需要用 3、3、9 凑出 6。显然 $3 + 3 = 6$，这样多出来个 9，如何将多出的 9 消耗掉呢? 因为 9 是 3 的平方，即 $9 \div 3 = 3$，故结果为 $4 \times (9 \div 3 + 3) = 24$。

　　技巧二：利用 0、11 的运算特性求解

　　如 3、4、4、8 可以组成 $3 \times 8 + (4 - 4) = 24$ 等，又如 4、5、J、K 可以组成 $11 \times (5 - 4) + 13 = 24$ 等。

　　技巧三：常用的 6 个公式

　　在有解的牌组中，用得最为广泛的是以下 6 种解法（我们用 a、b、c、d 表示牌面上的四个数）：

　　① $(a - b) \times (c + d)$，如 $(10 - 4) \times (2 + 2) = 24$ 等；

　　② $(a + b) \div c \times d$，如 $(10 + 2) \div 2 \times 4 = 24$ 等；

　　③ $(a - b \div c) \times d$，如 $(3 - 2 \div 2) \times 12 = 24$ 等；

　　④ $(a + b - c) \times d$，如 $(9 + 5 - 2) \times 2 = 24$ 等；

　　⑤ $a \times b + c - d$，如 $11 \times 3 + 1 - 10 = 24$ 等；

　　⑥ $(a - b) \times c + d$，如 $(4 - 1) \times 6 + 6 = 24$ 等。

　　【游戏玩法拓展：用扑克牌是不是还能玩算其他数呢? 例如，算 20 点、算 36 点、算 48 点。大家可以继续探索，看看又会有哪些发现。】

　　作业二（操作型——课外活动）：

　　24 点大比拼

　　（1）同桌两人竞赛，时间 8 分钟，比一比哪个同学列出的算式最多。

　　（2）为使结果尽量多，对于得不到 24 的 4 张牌，可以选择放弃，换 4 张牌再接着算。

　　（3）做好记录。

序号	抽到的数	若能算出 24，请写出算式；若不能，打上"×"
1		
2		
3		
4		
5		

（续上表）

序号	抽到的数	若能算出 24，请写出算式；若不能，打上"×"
6		
7		
8		
9		
10		
11		
12		
13		
14		

等级互评	入门	新手	老手	将军	主帅	大王
	（5 道）	（6 道）	（7 道）	（8 道）	（9 道）	（10 道及以上）

不一样的牌组

（1）Q 和 3 张相同的牌一定能算出 24，这种牌组叫作"众星捧月"。如 Q，A，A，A；Q，9，9，9。

（2）4 张相同的牌，除了 4 个 3、4 个 4、4 个 5、4 个 6 以外，其他都不能算出 24，这种牌组叫作"四喜临门"。

（3）4 张牌的和小于 9 一定不能算出 24，这种牌组叫作"九不逾"，如 A，2，3，A；A，2，A，2。

作业三（研究型——数学建模）：

你能不能像孙士杰发明 24 点游戏一样，打开思维，创新规则，建立专属于自己的新游戏？

创新点	新游戏规则

第三节　谜语中的数学

谜语是一种语言技巧、语言艺术，因其独特的规律而自成体系。从我国的古籍记载中可以看到，自先秦以来，在许多生活领域都有谜语这一语言形式，文人用巧妙的比喻、借代或形象描绘、字形离合等方法制成谜语，或劝谏讽喻统治者，或在外交斗争中作为折服对方的手段，或暗中通情掩人耳目，或文人间相互戏谑，等等。到了南宋，流行在元宵节灯会上悬谜供游人猜测。灯谜出现以后，极大地普及了猜谜活动，逐渐成为人们所喜爱的一种游戏，不断发展流传至今。

从谜语的内容来看，可谓是包罗万象、题材广泛，涵盖了文学、历史学、社会学、生物学、工学、医学等领域。既有文学中的诗歌、成语名言、字词，也有历史中的人名、地名、书名，还有医学中的医学家、药名、病名等。这些内容不仅取材广泛，而且非常形象生动、趣味性浓，还有悬念，本是很枯燥的地名经过谜语的描述和制造悬念都可以变得生动有趣。

谜语是由谜面、谜目、谜底三部分组成的。谜面是制谜者为猜谜者而出的题目。谜面是谜语的主要部分，通常以隐语的方式来表达描绘事物的性质、功能等特征，可以读也可以写出来，或者用图表、符号、实物等显示出来。谜目也叫作谜课，是指给谜底设置的限定范围、种类、提示等。谜底就是答案，通常是一个字、词语等。例如，"爸爸（打一历史人物名）——老子"。在这一条谜语中，谜面是两个字"爸爸"，谜目就是历史人物名这一范围，谜底就是"老子"。

数学中的运算符号加、减、乘、除，以及常见名词，如奇数、偶数、自然数等，都可以编进我们的谜语中。数学谜语是很好的数学学习素材。同学们可以通过猜谜和出谜加深对某个数学名词的理解，丰富文化生活。

谜语的来源

什么叫谜语？刘勰在《文心雕龙·谐隐》里给谜语下过一个定义："谜也者，回互其辞，使昏迷也。"所谓谜语就是说出来的话回互、曲折、不直截了当，令人困惑、迷茫、费解难懂。这个定义概括了谜语的基本特征。谜语是人们在社会生活中根据表达的需要而创制出来的，阶级社会产生之后，统治者的压迫日益沉重，老百姓不敢明谤，则作隐语以发泄怨怒之情，就是所谓的"内怨为诽也"。古代人民用这种民谣式的隐语来反抗夏桀的残暴，隐语缘起于此。

我国古代最早称谜语为"隐"（后来叫"隐语"）、"度辞"。汉代的"射覆"是隐语的一种。所谓"射覆"就是把东西藏起来叫人猜："于覆器之下置诸物，令暗射之，故云射覆。"猜谜人是假借"卜筮"的手段来猜，所以"占"就是猜，猜谜叫"占"或叫"射"都是来自"射覆"。"射覆"是由物谜发展来的。

离合体文谜：曹娥碑所射的"绝妙好辞"是我国最早的离合体文谜。"绝妙好辞"是由"黄绢幼妇外孙齑臼"八个字离合而成的。根据汉字的结构，把字拆开谓之"离"，拼在一起谓之"合"。用离合的方法作字谜，是由汉字本身所具有的独特条件决定的，盛行于汉末，有其社会原因。

刘勰在《文心雕龙·谐隐》里说："自魏代以来，颇非俳优，而君子嘲隐，化为谜语。"从此，谜语便取代了隐语。魏晋南北朝以来，离合体十分盛行，同时出现了增损体（把一个字的笔画略加增减）、会意体、风人体（上句为谜面，下句为谜底，上句借用有关的话，下句申释本意，多采用谐音）、实物谜（用实物作谜面让人猜测，即"图象品物"）、诗谜、字谜等，内容极为丰富。

从历代谜事活动的情况来看，谜语大体体现政治生活、文化娱乐、封建迷信三个方面。谜语的类别大体有以下几种：事谜、物谜、文谜、姓名谜、字谜、诗谜、实物谜、画谜、哑谜、神智谜。

古人对猜谜的叫法有许多变化，先秦曰"占"，汉代曰"射"，魏晋南北朝曰"解""辨"，宋代以后曰"商""猜""打"。古代文义谜只用"射"，对于灯谜叫"打"，对谜语称"猜"。现在比较普遍应用的是"猜谜语"。

如何破译数学谜语

在数学谜语中，打一数学名词是最基本、最常见的形式，常用的破译方法有以下几种：

1. 会意法

首先理解、领会谜面的内在含义，再紧扣学过的数学名词，即可破译谜底。例如：再见吧！妈妈（打一数学名词）。解析："再见吧！"的含义是指"分开"，"妈妈"的本意是"母亲"，因此谜底是"分母"。

2. 象形法

认真领会谜面所表示的事物的特征动作、形态、形状和象形，才能想象出谜底。例如：并驾齐驱（打一数学名词）。解析：指两辆车并排行驶，车轮的痕迹不会相交，状态是平行的，因此谜底是"平行"。

3．分解法

把谜面所给出的字或词语拆离成几个汉字，再根据拆离的字所包含的意思，重组成数学名词，便是谜底。例如：戽（打一数学名词）。解析：先把"戽"拆成"户"和"斗"两个汉字，其中"户"是指"每家、家里"，是"内"的意思，"斗"是"角斗"之意，故谜底是"内角"。

4．谐音法

这类谜语的谜底是用谐音字来代替，即具有通假字的意义。只要紧扣谜面所表示的词语与数学名词中的通假字，即可破谜。例如：垂钓河边（打一数学名词）。解析："垂钓河边"的意思就是"在河边等鱼来吃鱼饵"，简义是"等鱼"，其中"鱼"与"于"是谐音字，因此谜底为"等于"。

5．溯源法

"溯源"即追溯谜面的来源以及与其原出处的上下关联。要求猜谜者精通一些基本常识，才能揭晓谜底。例如：夏周之间（打一数学名词）。解析：我国古代王朝的顺序，夏朝与周朝间只有商朝，即夏周之间必是商，因此谜底是"商"。

6．成组法

制谜者把一个成语的后一个字与另一个成语的前一个字有意组成一个数学名词。要求猜谜者熟悉与数学名词中汉字相关的成语，才能猜出谜底。例如：用数学名词填写成语——不计其＿＿＿，＿＿＿而不厌。解析：成语"不计其数"的后一个字"数"和"学而不厌"的前一个字"学"组成了数学名词"数学"，所以填"数学"。

作业一（实验型——数学谜语）：
破译以下各种形式的数学谜语
歌曲形式：
树上的鸟儿成双对（打一数学名词）　　　　　谜底：＿＿＿＿＿＿＿
图画形式：
如图2－1，医生给病人开药方（打一数学运算）　谜底：＿＿＿＿＿＿＿
如图2－2，公鸡把两只母鸡分开了（打一数学名词）
　　　　　　　　　　　　　　　　　　　　谜底：＿＿＿＿＿＿＿

图 2 - 1

图 2 - 2

诗歌形式：

两只鸟儿并排飞，一年之中来一次，

一只瘦来一只肥，一月当中来三回（打一数字）　　谜底：_____

短语形式：

老人拄拐杖（打一数学名词）　　谜底：_____

全部消灭（打一数学名词）　　谜底：_____

车站告示（打一数学名词）　　谜底：_____

成语形式：

百里挑一（打一数字）　　谜底：_____

一成不变（打一数字）　　谜底：_____

大同小异（打一数学名词）　　谜底：_____

数字形式：

0000（打一成语）　　谜底：_____

0/6（打一成语）　　谜底：_____

1：1（打一成语）　　谜底：_____

5/4（打一成语）　　谜底：_____

23456789（打一成语）　　谜底：_____

$10002 = 100 \times 100 \times 100$（打一成语）　　谜底：_____

9 寸 +1 寸 =1 尺（打一成语）　　谜底：_____

作业二（操作型——课外活动）：

你画我猜大冲关

根据下列提示画出图形，一人画图，让另一人猜出谜底（数学名词），不可直接写出答案中任何一个字。

关卡1：

简便运算　数学书　四舍五入　华罗庚　一元一次方程　百分数　正数 被除数　比例　乘法分配律　割圆术　自然数　数独　四则运算　长方体 数轴　乘方　倒数　小数　素数　非负数　概率　计算器　几何　假分数 去括号　直线　有理数　体积

关卡2：

风筝跑了　最高峰　道路没弯　周而复始　七天七夜　看谁力量大　考试 成绩　五四三二一

第四节　趣味算数

在2015年电视节目《最强大脑》上，一位日本小女孩的杰出表现成为舆论关注的焦点。这名小女孩就是9岁的辻洼凛音。她作为日本选出的顶级选手对阵中国队。辻洼凛音惊人的闪电心算能力在中国《最强大脑》节目中一战成名。网友表示日本少女辻洼凛音是"神一般的存在"，称她为"神童"。

数和数之间有不同的关系。为了计算这些数，就产生了加、减、乘、除的运算方法。这四种方法就是四则运算。把数和数的性质、数和数之间的四则运算在应用过程中的经验累积起来，并加以整理，形成最古老的一门数学——算术。

其实，如果掌握了运算技巧，我们都可以成为速算小能手哦！

"8"是一个很特别的数字。在中国人的传统观念中，"8"与"发"谐音，有着发财、发达的含义，所以含有"8"的车牌、手机号都很受人欢迎；在西方观念中，"8"象征再生数、复活数、永恒的数，所以"8"是很受人喜欢的。

你知道吗？在数学王国里，有一位神奇的主人，它就是由1、2、3、4、5、6、7、9八个数字组成的一个八位数——12345679。因为它没有数字"8"，所以，我们叫它"缺8数"，见图2-3。"缺8数"虽然是由普通的八个数字组成的，但是它具有许多奇特的性质。它与几组性质相同的数相乘，会产生意想不到的结果。

图 2 - 3

下面介绍"缺 8 数"的"清一色之谜"。

这个可不是我们听过的麻将中的清一色，而是"缺 8 数"的一种特殊形式。其规律是"缺 8 数"在乘 1 ~ 81 中 9 的倍数时可以得到"清一色"。

举个例子，如果你喜欢数字 6，那么只需要将 12345679 × 54，你就可以得到清一色全是 6 的答案，可以用计算器验证。再比如，你喜欢数字 9，那就让 12345679 × 81，答案同样让你惊艳！

那么，这究竟是什么运算原理呢？

其实是因为 12345679 × 9 = 111111111，所以，保持 12345679 不变，如果想要得到 a 的清一色，只需要将缺 8 数乘 9a 即可。

作业一（实验型——数学实验）：

请写出答案是 1 ~ 9 的清一色答案，并用计算器验证。

12345679 × _____ = _____　　　12345679 × _____ = _____

12345679 × _____ = _____　　　12345679 × _____ = _____

12345679 × _____ = _____　　　12345679 × _____ = _____

12345679 × _____ = _____　　　12345679 × _____ = _____

12345679 × _____ = _____　　　12345679 × _____ = _____

"三位一体"

如果将"缺 8 数"与数字 1 ~ 9 相乘，你有什么发现？

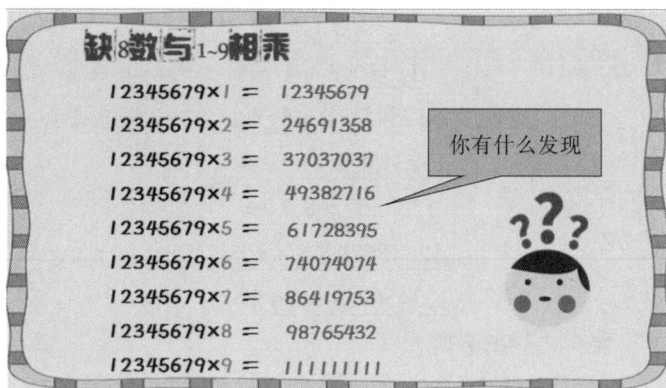

图 2 - 4　"缺 8 数"与 1 ~ 9 相乘

图片来源：姚金红. 奇妙的"缺 8 数"［J］. 中学生数学，2007（22）：22 - 23.

作业二（实验型——数学实验）：

通过对比和比较，我们发现"缺 8 数"分别乘 3、6、9 时有特殊结果。我们可以用计算器验证我们的猜想！

请算出"缺 8 数"乘 3 的倍数的答案，并用计算器验证。

$12345679 \times 3 =$ _____　　　$12345679 \times 18 =$ _____

$12345679 \times 6 =$ _____　　　$12345679 \times 21 =$ _____

$12345679 \times 9 =$ _____　　　$12345679 \times 24 =$ _____

$12345679 \times 12 =$ _____　　$12345679 \times 51 =$ _____

$12345679 \times 15 =$ _____　　$12345679 \times 78 =$ _____

果然，通过验证，"缺 8 数"乘 3 的倍数可得到"三位一体"的答案！

"有 8 数"阶梯乘 8

除了"缺 8 数"乘 3 的倍数有规律，你还能发现其他规律吗？$12345679 \times 8 = 98765432$，"缺 8 数"乘 8 后如此奇妙！那么"有 8 数"乘 8 后是否拥有类似的规律呢？通过计算观察，我们发现 $123456789 \times 8 + 9 = 987654321$，$12345678 \times 8 + 8 = 98765432$……

作业三（实验型——数学实验）：

请你完成以下推理计算，并用计算器验算。

$$1 \times 8 + 1 =$$
$$12 \times 8 + 2 =$$

$$123 \times 8 + 3 =$$
$$1234 \times 8 + 4 =$$
$$12345 \times 8 + 5 =$$
$$123456 \times 8 + 6 =$$
$$1234567 \times 8 + 7 =$$
$$12345678 \times 8 + 8 =$$
$$123456789 \times 8 + 9 =$$

"缺8数"乘9之后的数呢?

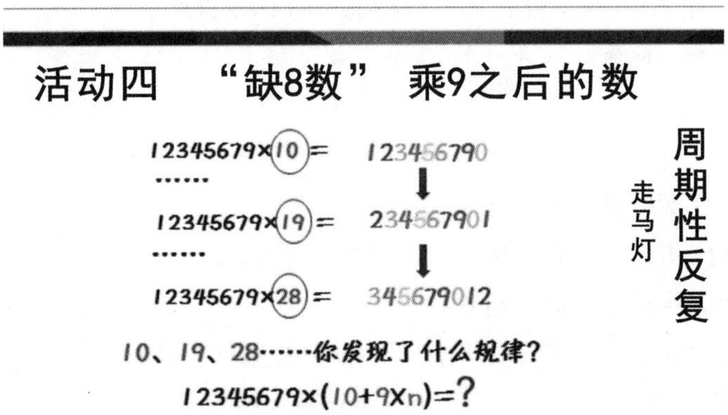

活动四　"缺8数"乘9之后的数

图2-5　"缺8数"乘9之后的数

我们发现:$12345679 \times (10 + 9 \times 0) = 123456790$,$12345679 \times (10 + 91) = 234567901$。

图片来源:丁学明. 神奇的"缺8数"[J]. 课堂内外(小学版),2011(9):56-57.

作业四（实验型——数学实验）:
按这个规律,你能写出后面几个算式吗?并用计算器验算你的答案。

_____ × _____ + _____ = _____

_____ × _____ + _____ = _____

_____ × _____ + _____ = _____

_____ × _____ + _____ = _____

_____ × _____ + _____ = _____

_____ × _____ + _____ = _____

作业五（操作型——数学写作）：

通过上面的数学阅读和理解，现在你可以总结"缺 8 数"的计算规律吗？或者有什么新的运算规律？把你的发现写下来。

第五节　好玩的数独

近年来，国外一些航空公司纷纷发布一项新规定：禁止飞机上所有人员玩数独。理由是这种游戏太令人着迷，会使飞机上的工作人员忽视对乘客的周到服务，也会使乘客忽视工作人员的安全提醒。

数独真有这么大的魔力吗？它源自哪里？数独的规则又是怎么样的？让我们一起来阅读学习，一起来玩转数独吧！

数独起源

"数独"（Sudoku）一词来自日语，意思是单独的数字。这种游戏的名字是日本人起的，但它先前的名字叫作拉丁方块、数字拼图。发明拉丁方块的人是 18 世纪的瑞士数学家欧拉。欧拉是有史以来最伟大的数学家之一，他将自己发明的拉丁方块称为"一种新式魔方"。拉丁方块的规则：每一行（Row）、每一列（Column）均含 1 ~ N（N 即盘面的规格），不重复。这种在 250 多年前发明的智力游戏和今天数独的玩法在原理上是一样的，都遵循着这样一条基本法则：在规定的区域里，1 ~ 9 这九个数字只能出现一次。不同的是，在数字迷宫里最先填好的数字，比今天的数独迷宫里的数字多，这样留给玩家填写的数字相对较少，难度自然没有今天大。不过，当时他的发明并没有受到人们的重视，因此没有流传开来。

20 世纪 70 年代，美国杂志以"数字拼图"的名称将它重新推出，但仍没有广为流传。1984 年，日本的一位数字游戏爱好者偶然看到了美国杂志上的这一游戏，认为可以用它来吸引日本读者，于是将其加以改良，增加了难度，并为它取了现在的名字——数独。没想到这种多变的数字迷宫以新面目出现后，竟然一炮走红，很快成为一种"地球人都知道"的数字游戏。

数独组成元素

水平方向有九横行，垂直方向有九纵列的矩形，可分八十一个小正方形，称为九宫格（Grid），如图 2 - 6 所示，是数独的作用范围。

行：水平方向的每一横行有九格，每一横行称为行。

列：垂直方向的每一纵列有九格，每一纵列称为列。

宫：三行与三列相交之处有九格，每一单元称为小九宫（Box、Block），简称“宫”。

提示数：在九宫格的格位填上一些数字作为填数判断的线索（Hint），称为“提示数”（Clue）。

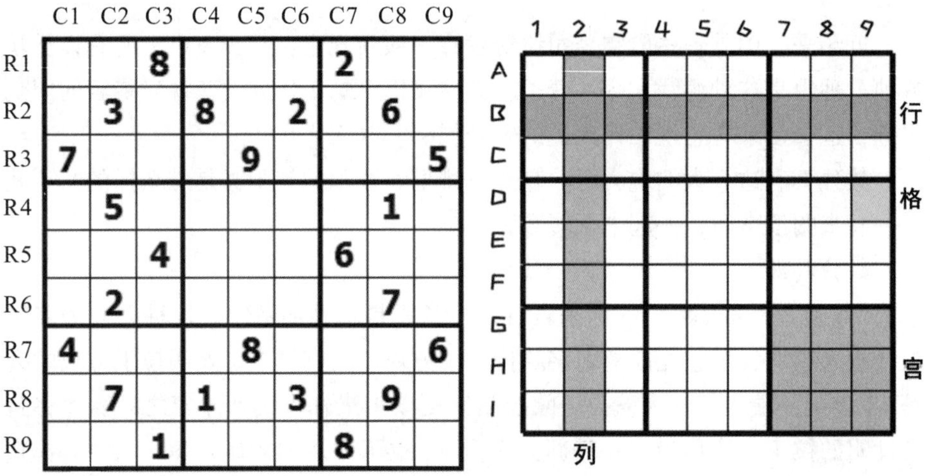

(a) (b)

图 2－6

作业一（实验型——数学游戏）：

(1) 拉丁方块与数独的规则有什么相似之处？有何区别？

(2) 请你根据拉丁方块的规则，填写下面的空格（图 2－7）。

1		
		2
2		1

图 2－7

四宫数独玩法

顾名思义，四宫数独（图 2-8）是只用到四个数字的数独，即 1、2、3、4。规则就是把数字 1~4 填入空格内，使每行每列及每宫内都有 1~4 个数并且每个数在每行每列每宫内只出现一次。

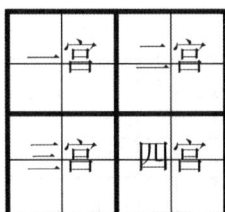

图 2-8

由于四宫数独盘面比较小，涉及的数字也不多，一般来说，掌握两个技巧——唯一法和基础排除法，就可以轻松解开四宫数独了。

（1）唯一法：利用数独每行、每列和每宫中每个数都只出现一次的规则而形成的方法。

图 2-9（a）中，A 行出现已知数 1、2、3，只有 A1 缺少数字，因为每行都要出现数字 1~4，那么在 A 行中没有出现的数字 4，就一定要填入 A1 内。同理，在 3 列中可以填入 B3 格内一定为 2。

（2）基础排除法：利用数独同行、同列和同宫内数字不重复的规则而形成的方法。

图 2-9（b）中，A1 = 1，根据数独规则 A 行其他格内不能再填入 1。这时看第二宫内只有 B4 一格内可以填入数字，这个方法就是排除法。同理 A2 的格内一定填入 2。

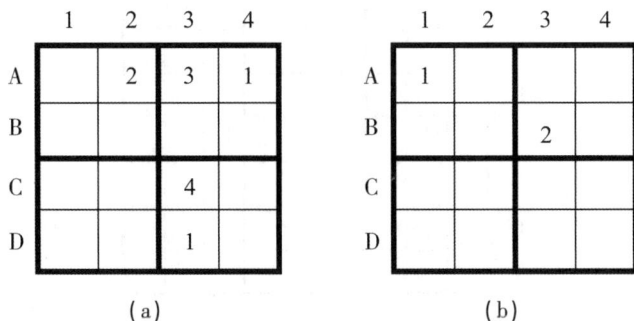

图 2-9

九宫数独玩法

盘面是个九宫，每一宫又分九个小格（图 2 – 10）。在这八十一格中给出一定的已知数字和解题条件，利用逻辑和推理，在其他空格上填入 1~9 的数字，使 1~9 每个数字在每一行、每一列和每一宫中都只出现一次，每一个粗线宫内的数字均含 1~9 且不重复。

	1		9		5		3	
9								1
			8		2			
1		4		8		6		2
			4	2	7			
7		3		9		4		5
			7		4			
4								7
	5		1		8		6	

图 2 – 10

（1）宫内排除法：将一个宫作为目标，用某个数字对它进行排除，最终得到这个宫内只有一个格出现该数字的方法。

如图 2 – 11 所示，A2、B4 和 F7 三格内的 1 都对三宫进行排除，这时三宫内只有 C9 格可以填入 1，本图例就是对三宫运用的排除法。

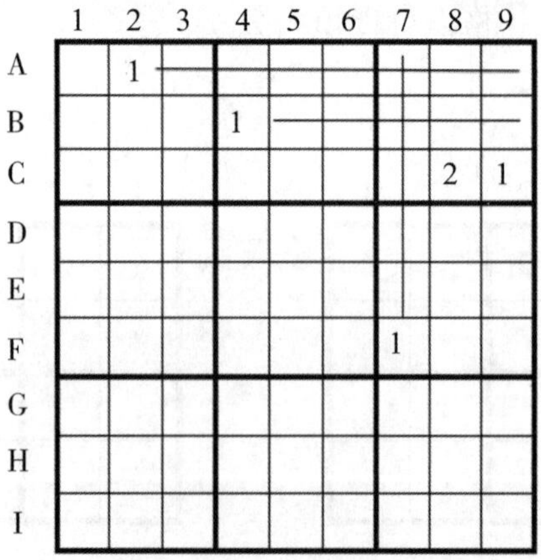

	1	2	3	4	5	6	7	8	9
A		1							
B				1					
C								2	1
D									
E									
F							1		
G									
H									
I									

图 2 – 11

（2）行列排除法：将一行或一列作为目标，用某个数字对它进行排除，最终得到这个行列内只有一格出现该数字的方法。

如图 2－12 所示，D2 和 B8 两格内的 6 都对 F 进行排除，这时 F 行内只有 F5 可以填入 6，本图例就是对 F 行运用的排除法。

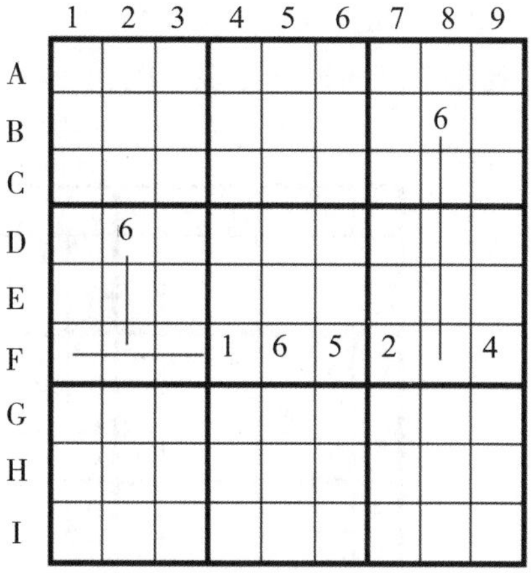

图 2－12

（3）区块排除法：先利用宫内排除法在某个宫内形成一个区块，再结合其他已知数，共同确定某宫内只有一格出现该数字的方法。

如图 2－13 所示，B4 格的 7 对五宫进行排除，在五宫内形成了一个含数字 7 的区块。无论该区块中 F5 格是 7 还是 F6 格是 7，都可以对 F 行其他格的 7 进行排除，再结合 H7 格的 7，同时对六宫进行排除，得到六宫内只有 D8 格可以填 7。

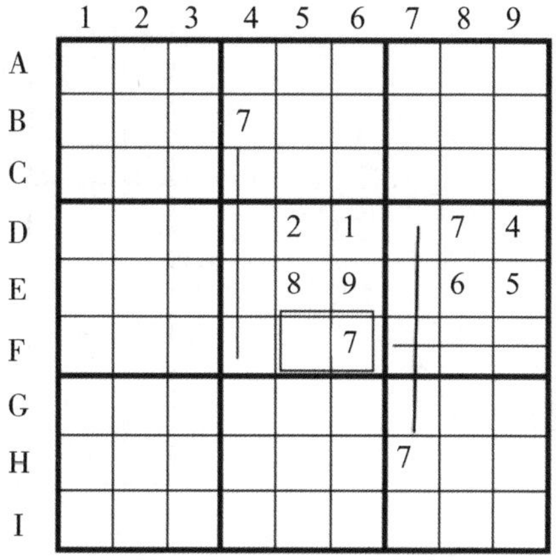

图 2－13

作业二（实验型——数学游戏）：

（1）四宫数独：在空格中（图 2－14）填入数字 1～4，使得数字在每行每列每个宫内都只出现一次。

	1	3	
2		4	1
1		2	
3			4

（a）

4	1	3	2
		1	
		4	
3	4		1

（b）

		4	
2		1	
1	3	2	4
		3	1

（c）

	2	4	
1			3

（d）

图 2－14

（2）九宫数独：在空格中（图 2 – 15）填入数字 1~9，使得数字在每行每列每个宫内都只出现一次。

			4	3	8			
6	7						9	3
8		1			2		4	
	8		5		3		7	
		6				9		
	1		6		9		3	
4		7				3		6
9	6					8	2	
			3	5	6			

（a）

	9	**1**				3	4	
4				8				2
2			**1**		3			5
		8		6		9		
	2		4		8		3	
	9		5		7			
9			5		4			3
1				7				9
	7	2				4	8	

（b）

		5	8					
						1	2	
4					9			
	1							
9			2			7		
	8							
			4			5		8
7	2		3					

（c）

图 2 – 15

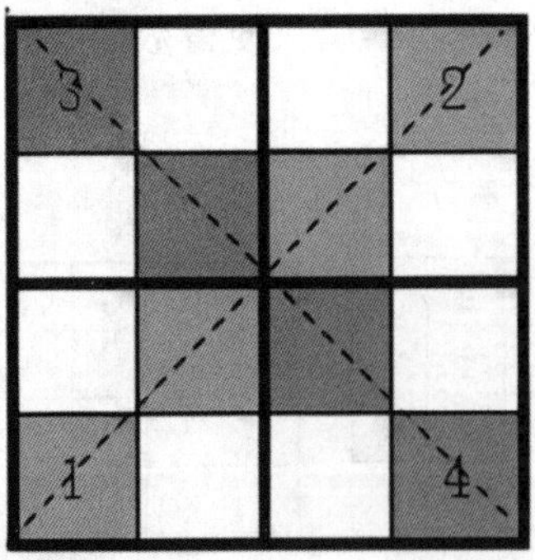

图 2 – 116

（3）对角线数独：在空格内（图 2 – 16）填入数字 1~4，使得每行、每列和每条对角线的数字都是 1~4 且不重复。

（4）不规则数独：在下面的格子中（图 2 - 17）填入数字 1、2、3、4，使 1、2、3、4 在每一行、每一列、每一个相同的 L 形区域中只出现一次。

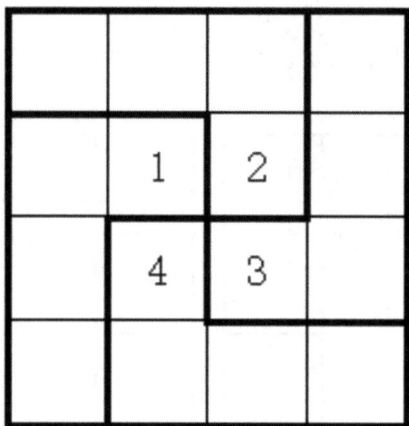

图 2 - 17

（5）果蔬数独：下面的每个表格中（图 2 - 18）都有四种果蔬，每种果蔬在每行、每列只出现一次，空白处应该是什么呢？请你画一画。

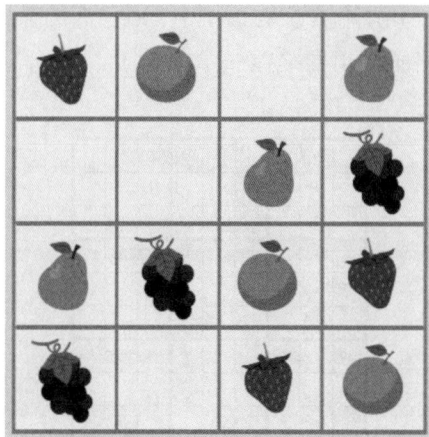

图 2 - 18

（6）温度计数独：在空格里填入数字 1~9，使得每行、每列以及每宫（由粗线围起来的 9 个格子）内都不出现相同的数字。与此同时，空格中有众多圆球和线条。在同一组圆球和线条中，线条上离圆球越近的数字越小，离圆球越远的数字越大。线条出现分叉时，以分叉点为基础，同样遵循这一规则。

图 2 – 19（a）所示为符合温度计数独规则的填数：从 2 开始分叉，2 往上延伸出去的 3 因为距离圆球更远，所以比 2 大；2 往右边延伸出去的线段上，4 和 5 都比 2 远，所以都比 2 大；在 4 和 5 之间，5 距离圆球 1 更远，所以 5 还比 4 大；6 和 7 同理。换成大于、小于符号的话，可参考图 2 – 19（b）。

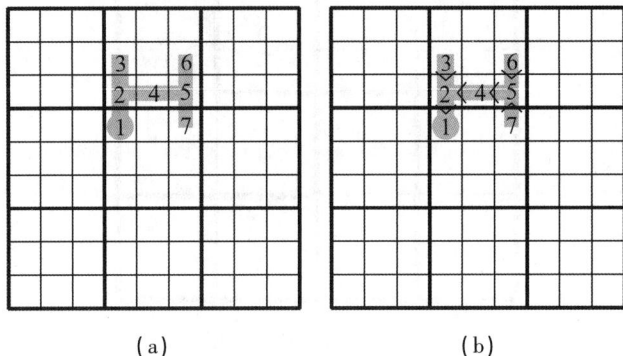

（a）　　　　　　　　　（b）

图 2 – 19

（7）连续数独：在满足标准数独规则的前提下，一些格子里还会出现一个黑色的条状"挡板"，如图 2 – 20。"挡板"表示两侧格子里较大填数减去较小填数的差值为 1。比如两侧填数是 2 和 3，则它们的差值为 3 – 2 = 1。另外，没有挡板标记的两个格子，填数之差一定不是 1。

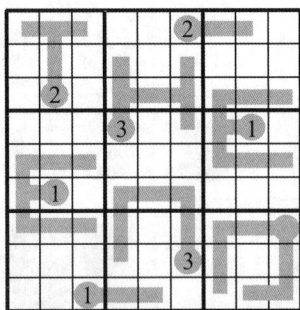

图 2 – 20

【小贴士：从挡板两侧有数字的格子入手，会顺利很多。如图 2 – 21 所示，如果挡板一侧是 9，那么另外一侧必然是 8；同理，如果挡板一侧是 4，另外一侧必然是 5。】

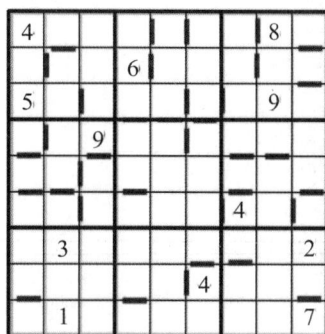

图 2 – 21

（8）0~8 杀手数独：在空格里（图 2 – 22）填入数字 0 ~ 8，使得每行、每列、每宫（由粗线围起来的 9 个格子）以及每个虚线框内都不出现相同的数字。同时，每个虚线框左上角的数是该框内所有填数之和。

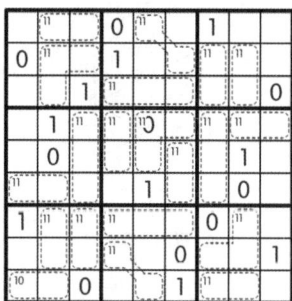

图 2 – 22

【小贴士：第七宫中数字 3 已经呼之欲出了，快去把它揪出来！】

作业三（研究型——数学问题）：

通过上面的数学阅读和理解，现在你可以制作一个独特的数独了吗？请你大胆创作，并把作品画在或贴在下面的方框中吧！

【同学们可以大胆制作，创作属于你的规则，每一行、每一列和每个小九宫格中的数字必须是 1~9 且不重复。初始数独的数字不能有冲突，即同一行、同一列或同一九宫格内不能有相同的数字。数独应保持唯一解，即只有一种填法能同时满足上述两个条件。】

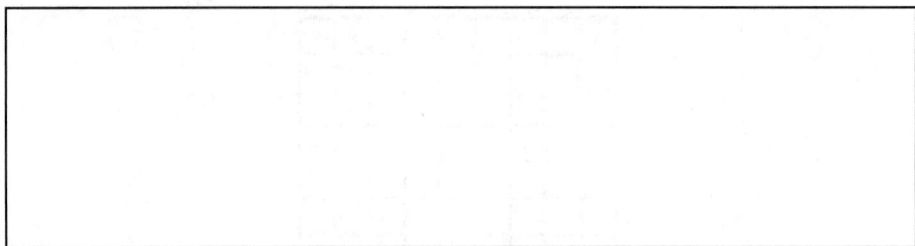

第六节　一笔画

　　"一笔画"是一种有趣的数学游戏。它要求笔不离开纸，每条线都只画一次，不交叉、不重复而画成图形。请同学们动笔试试，图 2 – 23 中的几个图形是否能"一笔画"。

 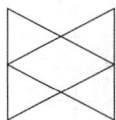 

（a）　　　　（b）　　　　（c）

图 2 – 23

　　是不是所有的图形都是"一笔画"？"一笔画"里藏着什么"秘密"呢？图形能否"一笔画"与线段有关吗？还是与交点有关？最早研究"一笔画"的又是谁呢？

　　设计签名或者设计商标，如能够一笔画成，会更加简洁（如图 2 – 24）。我们规划游览线路时希望不走"回头路"，城市的道路如何规划连接，地铁线路的站点设置等问题，其实都跟"一笔画"有关。对"一笔画"的进一步研究和衍生就是高等数学中的《图论》，比如邮递员每天从邮局出发，走遍该地区所有街道再返回邮局，问题是他应如何安排送信的路线可以使所走的总路程最短。这个问题由中国学者管梅谷在 1960 年首先提出。他给出了解法——"奇偶点图上作业法"，这就是国际知名的"中国邮递员问题"。

（a）　　　　　　　　　　　　　　　（b）

图 2 - 24

图片来源：李铁安，张惠云. 让学生学会"数学地想"：《好玩的一笔画》教学实录及解析 [J]. 教学月刊（小学版），2021（3）.

什么样的签名能够一笔写成？符合什么规律的图形能够一笔画成？

18 世纪的哥尼斯堡有一条河，河中有两座风景秀丽的小岛。全城被河分割成了四块陆地，河上架有七座小桥（如图 2 - 25）。晚饭后居民经常过桥散步。渐渐地，这些桥触发了人们的灵感，一个有趣的问题引起了居民们的兴趣：一个人能否从某一地点出发，不重复地一次性走遍七座桥，最后回到出发点？这就是历史上著名的"哥尼斯堡七桥问题"。

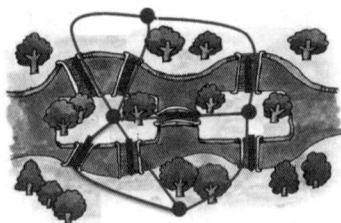

图 2 - 25　哥尼斯堡

图片来源：李铁安，张惠云. 让学生学会"数学地想"：《好玩的一笔画》教学实录及解析 [J]. 教学月刊（小学版），2021（3）.

著名数学家欧拉想出了一个巧妙的办法，认为这道题目的重点在于既不重复也不遗漏地走完这七座桥，至于岛的大小、桥的长度，对解决问题并没有影响，可以将两座小岛和河的两岸看作"点"，桥则是连接"点"之间的"线"。如图 2 - 26 所示，一个实际问题就变成了一个几何图形能否一笔画成的问题。

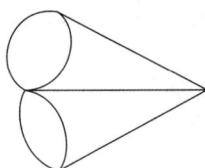

图 2 – 26

偶点：与偶数条边相连的点叫偶点。

奇点：与奇数条边相连的点叫奇点。

奇点个数为 0 的连通图是一笔画图形；奇点个数为 2，偶点个数任意的连通图是一笔画图形；其余的情况均不能一笔画成。

因为"七桥问题"中的奇点个数为 4，所以不能一笔画成。也就是说，人们无法既不重复也不遗漏地走完这七座桥。

作业一（研究型——数学问题）：

完成下列填空，你能否发现可以一笔画成的规律？

图形	奇点个数	偶点个数	能否一笔画成
①			
②			
③			
④			

作业二（操作型——课外活动）：

请你设计几个能一笔画成的图案，并按照简易程度设立挑战关卡，制作属于自己的"一笔画"挑战游戏吧！

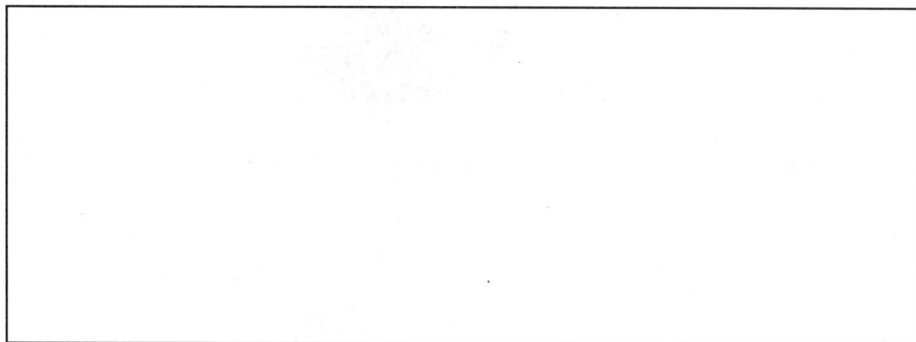

"一笔画"艺术与大连城市发展

在世界范围内，将艺术 IP 和城市文化建设相融合的城市还比较少。大连市人民政府提出建设"一笔画"文化创意产业园区在全国较为领先。借助"一笔画"这一独特艺术形式，如图 2 –27、图 2 –28、图 2 –29 所示，一条线串联展示一座城市的人文面貌、政治面貌、精神面貌、历史沿革及发展前景，一脉相承，一线穿起，一体呈现，并借助城市影片这一宣传载体，多维度展现大连的形象和城市精神，成为具有大连独特符号的城市影片，激活宣传力量，线下线上多媒体结合传播，以独特的艺术符号为大连植入精彩的"城市艺术 IP"。这是大连市文明之美的独特展现，是文化名城的经典表达、文化立城的战略选择、文创优先的实施方略。

图 2 –27

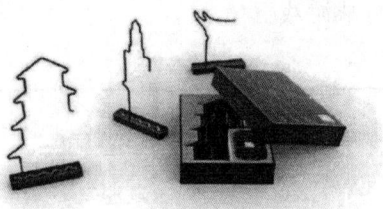

图 2 - 28

图 2 - 29

图片来源：罗木子. 大连文创产业园区建设研究：以"一笔画"文创产业园构建为例 ［D］. 大连东北财经大学，2021.

"一笔画"切割在船厂的应用

船体零件在数控切割机上进行切割时，传统的方法是按套料文件上零件出现的先后顺序，以及线段在零件上出现的先后顺序来进行切割的。一般是先把所有划线划完再进行边界线的切割。在零件生成时，种种原因导致同一根划线常常重复出现，最多可达十多次。还常常出现划线搭接的情况，这样就增加了实际划线的长度。两根划线之间还有一段空走的距离。由于零件生成时不能合理安排划线的先后顺序，空走距离较长。在进行边界线段的切割时，在切完一个内孔或一个外边界时，都要停火抬起切割嘴，空走到另一内孔或外边界开始处重新放下切割嘴，并点火继续切割。种种原因同样使得零件套料时不能合理安排零件的先后顺序，因此空走距离较长。切割路径优化软件，通过对划线及边界线段顺序的优化，减少了划线长度及空走路线的长度；同时取消了原来零件的引火线，加入适当的两零件之间的过渡线，采取所谓"一笔画"的切割方式，使得不用停火即可连续将所有外边界切割完，最大限度地减少了点火次数。这样可以节省时间，减少电极损耗，减少烟雾。不用引火线也方便了技术人员的工作。图 2 - 30 和图 2 - 31 为一笔画与非一笔画的对比图。

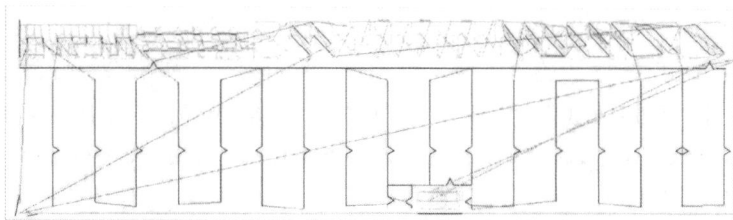

图 2 - 30

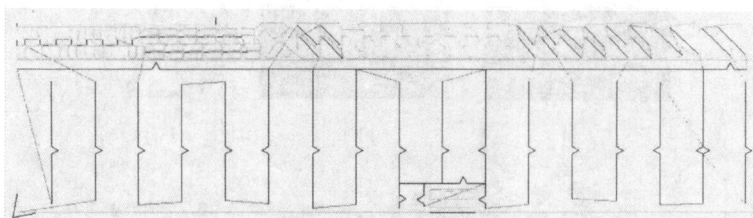

图 2 - 31

图片来源：焦顺杰，马跃洲."一笔画"切割在船厂的应用 [C] //中国造船工程学会工艺学术委员会.造船企业精益生产学术研讨会论文集. [内部资料]，2011：225.

作业三（操作型——模型制作）：

请你探究更多"一笔画"的推广和应用的案例，并尝试用"一笔画"创作一幅艺术作品。

第七节　火柴棒游戏

火柴是一种重要的取火工具，如图 2 - 32。用火柴头在火柴盒边一擦，"嗤"的一声，火柴就着了。燃烧的火柴可用于生火、照明，非常便捷。

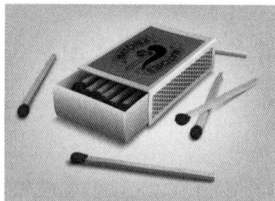

图 2 - 32

除此之外，火柴棒还有什么用途呢？利用火柴棒可以摆出很多美丽的图案、汉字、几何图形，还可以摆出数字和运算符号等。如图 2 - 33 所示，通过移动火柴棒，可以改变图形、汉字、英文单词、算式等，衍生出许多有趣的益智游戏。人们对火柴棒的使用可谓遍布社会、艺术、科学等多个领域。

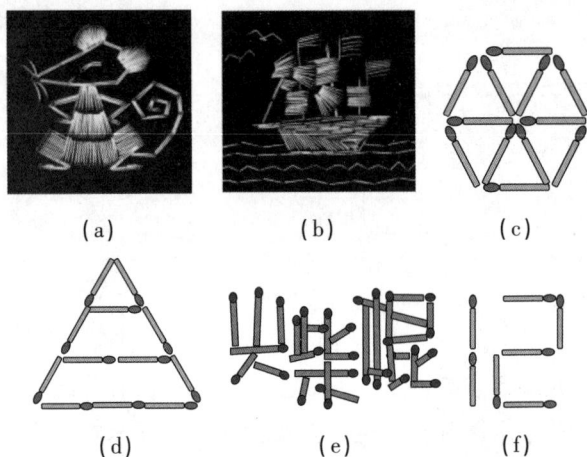

(a)　　　　　　(b)　　　　　　(c)

(d)　　　　　　(e)　　　　　　(f)

图 2 - 33

神奇的"田"字

请你在如图 2 - 34 所示的"田"字上加上一根火柴，使其变成另一个汉字。如果是去掉两根火柴或移动两根火柴，又可以变成什么字呢？

图 2 - 34

"田"字加上一根火柴可变成"由""甲"等字，去掉两根可变成"日""曰"等字，移动两根火柴可变成"旧""白""目"等字。

猜猜我是谁？

请问移动一根火柴棒就能将图 2 - 35 的英文单词"DUCK"变成另外一种动物吗？

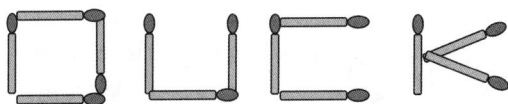

图2-35　由火柴棒组成的英文单词"DUCK"

将"DUCK"中移动一根变成"COCK"，也就是公牛的意思。

图形问题

如图2-36所示，"田"字中有五个正方形，你能只移动三根就使"田"字变成三个相同的正方形吗？你能只移动四根就使"田"字变成三个相同的正方形吗？

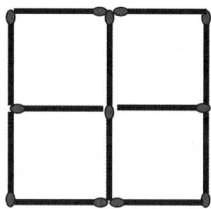

图2-36

"田"字移动三根可变成如图2-37（a）所示含三个相同的正方形，移动四根可变成如图2-37（a）所示含三个相同的正方形。

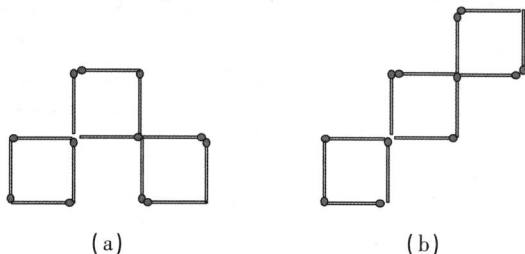

（a）　　　　　　　　（b）

图2-37

抓住变化前后"图形"的特征是实行变化的关键。在此基础上，再思考各种可能的情况。

作业一（操作型——数学活动）：

（1）如图2-38（a），是用十根火柴摆出的图形。现在只许你移动其中三根火柴，即头朝下如图2-38（b），请问应该怎样移动？

(a)　　　　　　　(b)

图 2 - 38

（2）把十颗棋子在桌上摆成三角形形状，如图 2 - 39（a），请你移动三颗棋子，使得三角形颠倒过来。（简单描述移动的过程）

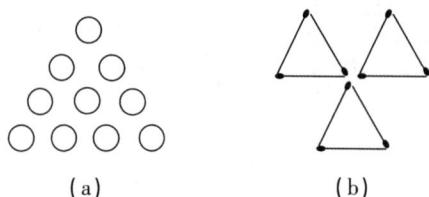

(a)　　　　　　　(b)

图 2 - 39

（3）请你只移动三根火柴棒，把图 2 - 39（b）中的三个三角形变成五个三角形。（简单描述移动的过程）

数字问题

（1）尝试添上或去掉、移动一根火柴，使下列数字、符号互相转化。

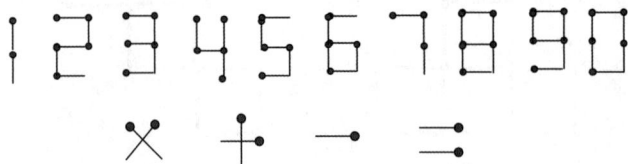

（2）请只移动一根火柴，使下列等式成立。

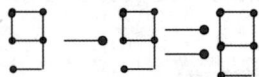

解析：

第1题以""为例，添上一根火柴可转化为""，去掉一根火柴可转化为""，移动一根可转化为""或""。同学们可思考其他数字或运算符号的转化情况。

第2题可从"8"中拿走一根火柴添到"5"中，这样，"8"变成"0"，"5"变成"9"，即：

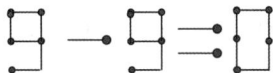

作业二（操作型——数学活动）：

（1）下面是用火柴棒摆成的算式，但这个算式不成立，请你在式子中添上一根火柴棒，使得这个算式成立。

（2）请你在下面的式子中移动两根火柴，使得算式成立。

第八节 黄金分割数

众所周知，黄金分割数为0.618。很多人认为黄金分割数是一个很特别的数，是最完美的比例。一些美术家认为：人的身材、相貌比例与此接近时，看上去会非常漂亮；构图设计按照黄金分割的比例，也会创作出完美的作品。下面，就让我们一起带着好奇心认真学习本节内容，来揭开黄金分割数的神秘面纱吧！

神奇的黄金分割

公元前4世纪，古希腊学者攸多克斯曾经提出以下问题：怎样在线段 AB 上截取一点 C，使得 $AC: AB = BC: AC$？该点便是黄金分割点。16世纪，意大利学者帕乔利将黄金分割称之为"神赐的比例"。黄金分割在文艺复兴前后，经由阿拉伯人传到欧洲，并受到欧洲人的关注，该数学发现被称为"金法"。17 世纪欧洲数学家称其为各类算法之中最为宝贵的算法。

我国也存在关于黄金分割研究的记录，尽管并没有比古希腊更早研究成功，却是我国古代数学家独创的数学知识，之后传入印度。经过考证，欧洲的比例算法源自我国，且经过阿拉伯传至欧洲，而非直接从古希腊传入。

由此可见，黄金分割的价值和作用受到各个国家学者的认可、重视。我们如能学习并掌握，对于未来的数学学习以及生活而言具有积极意义。

黄金分割的数学定义：在线段 AB 上，点 C 把线段 AB 分成两条线段 AC 和 BC（$AC > BC$）。如果 $\dfrac{AC}{AB} = \dfrac{BC}{AC}$，那么称线段 AB 被点 C 黄金分割，点 C 叫作线段 AB 的黄金分割点，AC 与 AB 的比叫作黄金比。

人们把 $\dfrac{\sqrt{5}-1}{2}$ 这个数叫作黄金分割数。如果把一条线段分为两部分，使其中较长一段与整个线段的比是黄金分割数，那么较短一段与较长一段的比也是黄金分割数。

$$A \;\rule{3cm}{0.4pt}\; C \;\rule{1.5cm}{0.4pt}\; B$$

$$\frac{AC}{AB} = \frac{BC}{AC} = \frac{\sqrt{5}-1}{2} \approx 0.618$$

节目主持人通常不站在电视或者舞台的正中央，这样显得刚好合适。如果一个舞台长 20 米，那么主持人从左侧走出来后应站在什么位置比较合适？

解析：

设主持人从左侧走出来站在 x 米处。

由题意可得 $\dfrac{20-x}{20} = \dfrac{x}{20-x}$，

解得：$x \approx 7.6$。

经检验，$x \approx 7.6$ 是原分式方程的解。

答：主持人从左侧走出来应站在约 7.6 米的位置比较合适。

作业一（实验型——数学实验）：

（1）在设计人体雕像时，使雕像的上部（腰以上）与下部（腰以下）的高度比，等于下部与全部（全身）的高度比，可以提升视觉美感。按此比例，如图 2-40 所示，如果雕像的高为 2 米，那么它的下部应设计为多高？

图 2-40 雷锋像

图片来源：视觉中国. https：//www. vcg. com.

（2）如图 2-41，已知舞台 AB 长 10 米，如果主持人从点 A 出发站到舞台的黄金分割点 P 处，且 AP < BP，那么主持人应走＿＿＿＿米可以处在合适位置，主持人继续走＿＿＿＿米，同样能够处于比较好的位置。

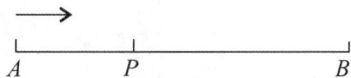

图 2-41

作业二（调查型——身边问题调查）：

母亲节献礼

——黄金分割实践活动报告单

班级_____　姓名_____

测量妈妈上半身长度/厘米	
测量妈妈下半身长度/厘米	
设妈妈穿 x 厘米的高跟鞋看起来最美，列出方程	
估算 x 的值/厘米	

根据 x 的值为妈妈买一双穿上看起来最美的高跟鞋，作为母亲节礼物送给妈妈。

黄金矩形

宽与长的比是 $\dfrac{\sqrt{5}-1}{2}$（约为 0.618）的矩形叫作黄金矩形。黄金矩形给我们以协调、匀称的美感。世界各国许多著名的建筑，为取得最佳的视觉效果，都采用了黄金矩形的设计，如希腊的帕特农神庙（见图 2-42）。

图 2-42

图片来源：视觉中国．https：//www.vcg.com．

下面我们折叠出一个黄金矩形：

第一步，在一张矩形纸片的一端，根据图 2-43（a）的方法折出一个正方形，然后把纸片展平；

第二步，如图 2 - 43 （b），把这个正方形折成两个相等的矩形，再把纸片展平。

第三步，折出内侧矩形的对角线 AB，并把 AB 折到图 2 - 43 （c）中所示的 AD 处。

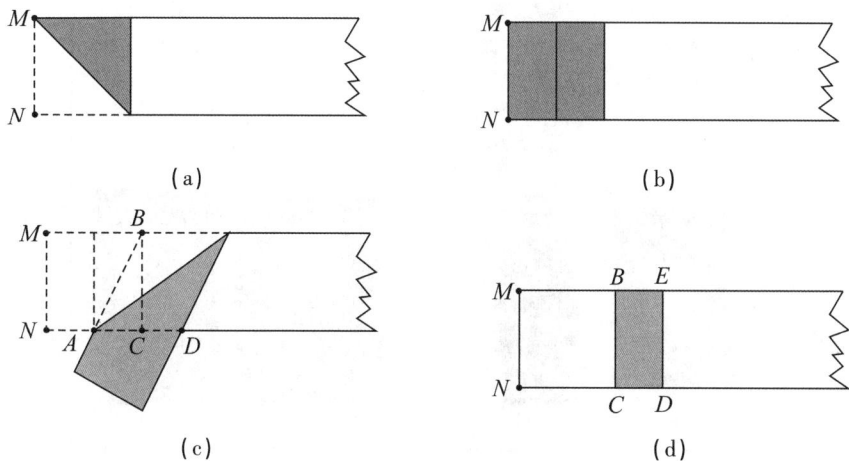

（a）

（b）

（c）

（d）

图 2 - 43

第四步，展平纸片，按照所得的点 D 折出 DE，矩形 BCDE 如图 2 - 43 （d）就是黄金矩形。

作业三（操作型——模型制作）：

操作上面数学活动，你能说明为什么矩形 BCDE 如图 2 - 43 （d）就是黄金矩形吗？（提示：设 MN 的长为 2）

寻找最美照片

如今智能手机已经在生活中普及，用手机拍照已经成为人们日常生活的一部分。在摄影这门学问中，有一个关于构图的技巧叫"三分法"，又称"九宫格法"，指的是将取景框中所看到的画面，横竖各三等分，当被摄对象以线条的形式出现时，可将其置于画面的任意一条三分线位置。如此构图，能够在视觉上带给人愉悦和生动的感受，避免出现主体居中的呆板感觉。而该法则恰恰是运用了数学中的黄金分割法则。

探究活动——拍证件照

探究内容:如何拍出最美证件照。

探究目的:用数学知识揭示照片美的奥秘。

探究材料:平板电脑,几何画板软件,教师事先做好的探究课件。

探究步骤:1.介绍情境。小欣想拍一张证件照,现在她已经在镜头前坐好了,如图(2)所示。请你帮她拍一张证件照。2.拖动图(1)中的相框,框住小欣的头部,确定你认为最美的构图,截屏保留该图片并做好标记,如图(3)所示;改变相框的大小,再次截屏,保留自认为最美的构图并做好标记,如图(4)所示。3.与同伴交流,尝试对这个最美构图进行描述。4.思考:为什么这个构图是最美的?

（1）　　（2）　　　　（3）　　（4）

图 2-44

探究实验一

左右拖动相框,寻找你心目中最美的构图,与同伴交流:你能发现什么共性?你能用数学知识解释其中的道理吗?尽管大家经过讨论选出了最美的构图,但他们依然不明白:为什么他们会不约而同地选择同样的构图,或者说大家为什么会觉得这样的构图是最美的?这里面到底蕴含了怎样的数学知识呢?

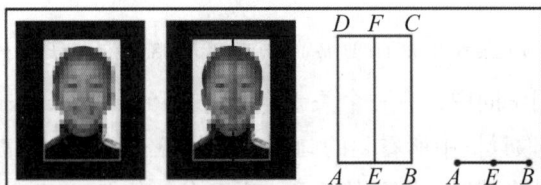

图 2-45

俗话说得好,"眼睛是心灵的窗户"。我们在看一个人的时候,往往会看向他（她）的眼睛,通过眼睛来感受他（她）的心灵。这就彰显了眼睛在证件照拍摄过程中的重要性。由此你能得到什么启发？大家如同醍醐灌顶，知道了如何捕捉纵向审美的关键点：以头像双眼珠之间的连线为参照，提取连线的中心点，由此抽象出相关的数学模型。

探究实验二

我们将眼睛划归为点 C，相框中轴线归为线段 AB，上下拖动相框，观察线段 BC、AC、AB，进行数学思考。

思考一：上下拖动相框时，哪条线段的大小改变了，如何改变？

思考二：线段比 $\dfrac{BC}{AC}$ 和 $\dfrac{AC}{AB}$ 的值随着相框的上下移动是否改变？如何改变？

思考三：进一步观察相框的上下移动，思考线段比 $\dfrac{BC}{AC}$ 和 $\dfrac{AC}{AB}$ 的值的变化情况。你发现了什么？

思考四：改变相框的大小，你的发现还成立吗？

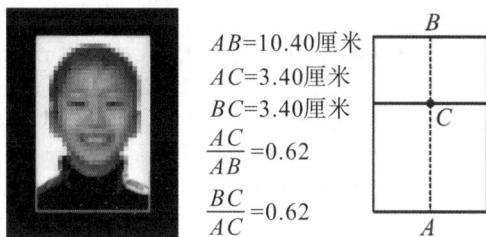

$AB=10.40$ 厘米
$AC=3.40$ 厘米
$BC=3.40$ 厘米
$\dfrac{AC}{AB}=0.62$
$\dfrac{BC}{AC}=0.62$

图 2-46

当照片停留到最美位置时，无论相框是大还是小，大家都能看到相等的比值，也因此直观感受到了"最美"与比例相等之间的联系。点 C 把线段 AB 分成两条线段 AC 和 BC，如果 $\dfrac{AC}{AB}=\dfrac{BC}{AC}$，那么称线段 AB 被点 C 黄金分割，点 C 叫作线段 AB 的黄金分割点，AC 与 AB 的比叫作黄金比。

作业四（研究型——数学应用案例）：

借助网络，进一步了解黄金分割数、黄金比在现实世界中的应用。选择一个黄金分割知识服务生活的例子，与同学们交流分享。

第九节　趣味折纸（一）——翻转万花筒

折纸，是孩童娱乐消遣的游戏，也寄托着成年人对儿时的回忆。这些年来，折纸发展出了新的高度。它作为一门制作工艺，令人意想不到地进入了生物医药、美学建筑、航天卫星等很多领域。

折纸艺术起源于中国汉朝。让折纸得以蓬勃发展的学科是数学。从 19 世纪开始，到 20 世纪 80 年代，一套折纸公理逐渐形成，包括折纸在内的折叠与展开问题也逐渐发展成为数学学科的一个分支。折纸在西方成为数学和科学研究的工具。

人造卫星太阳能电板、太空望远镜、人造血管支架等研发都离不开折纸。折纸在我们的实际生活中同样有广泛的应用，例如在建筑业、灯具设计业，都有折纸的一席之地。

本节课就让我们走进折纸的世界，学习折纸并体会它在艺术、建筑、医学以及数学中的应用。

三浦折叠

2004 年，日本宇宙科学研究所在发射太阳能飞船时意识到，为外太空航行提供所需能源的太阳能板需要尽可能大地展开面积，而这些太阳能板又必须能够被折叠到尽可能小的状态才能在发射过程中装进狭小的飞船船舱，并且这一折叠和展开的过程都必须尽可能简单，才能在无人环境中顺利完成——这正是折纸技术所研究的问题。

于是，东京大学宇宙科学研究所教授三浦公亮发明了一种折纸方法，提供了一个完美的解决方案。该技术是以拉开对角两端来把物品展开，而在收缩时则反向推入。这方法既可节省空间，又可避免折叠和展开的过程中造成损耗。这一方案在今天被称为"三浦折叠法"，被广泛地应用于各种生产领域，甚至包括轮胎的胎纹设计。

太空望远镜

从 1990 年哈勃望远镜由"发现号"航天飞机送入轨道以来，太空科学家一直致力于开发下一代替代品。

罗德里克·海德（Roderick Hyde）提出了建造比哈勃望远镜大四十倍的望远镜的想法。哈勃望远镜本身就不小，长 13 米，孔径 2.4 米。海德提议的望远镜的光圈将近 100 米，长数百米。

　　这立即带来了一个后续问题：即使可以设计出这么大的东西，如何能进入轨道呢？当研究人员意识到有可能制造出一个可折叠的透镜并装进航天飞机时，答案就呼之欲出了。我们可以通过将两个透镜置于轨道中，来使望远镜的两端之间保持适当的距离。而在这个位置，因为失重，这两个透镜可以停留在轨道上。

　　实验室立即看到了这与折纸之间的关联。在接下来的一年里，在美国数学家和折纸艺术家罗伯特·朗的帮助下，实验室团队建造了一个直径为 5 米的名为"眼镜"的原型。

　　哈勃望远镜的下一代——于 2013 年发射的詹姆斯·韦伯太空望远镜上确实有一面镜子，可以像折纸一样折叠后放入火箭中。

人造血管

　　折纸技术还被用于设计人造血管支架，因为这一支架需要被折叠得足够小才能被放入血管，在到达指定位置后再被展开成一段人造血管。这一设计是由牛津大学的中国籍科学家由衷研究员所在的研究小组发明的。

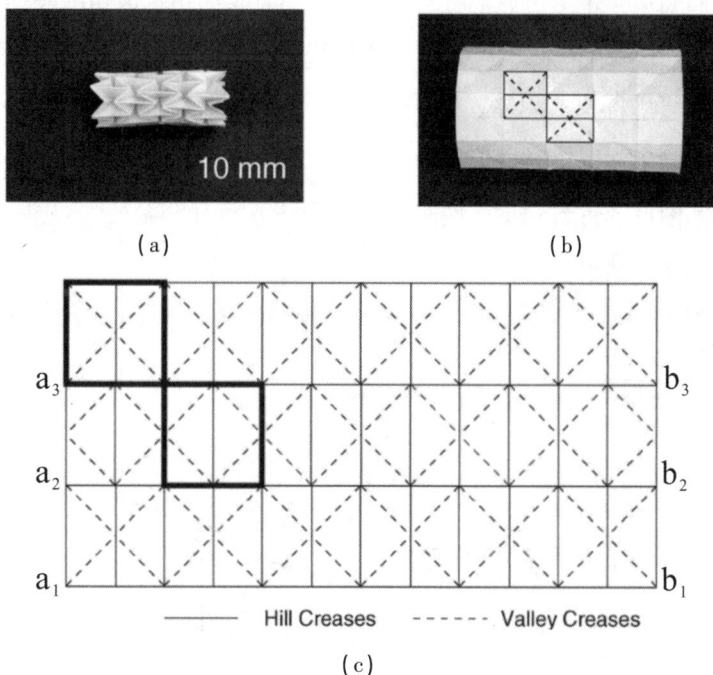

（a）　　　　　　　　　　　　　（b）

（c）

图 2-47　折纸技术应用于人造血管

　　图片来源：李雪琴. 数学跨学科教学对初中生 STEM 态度的影响研究[D]. 湖南师范大学，2021.

作业一（操作型——课外活动）：

上网查阅折叠在科技方面的应用，整理成 Word 文档或者 PPT 与同学们分享。

折叠万花筒

我国讲究"对称美"，因此在设计灯具时也热衷于加入许多对称图形或将灯具整体设计为对称图形。常见的对称图形有三种：轴对称图形、中心对称图形、旋转对称图形。

轴对称图形：一个图形沿着一条直线对折后两部分完全重合。

中心对称图形：一个图形绕某一点旋转180°，旋转后的图形能和原图形完全重合。

旋转对称图形：把一个图形绕着一个定点旋转一个角度后，与初始图形完全重合。

其中，对称图形与旋转对称图形常用于灯具设计中。

设计时，我们可以巧用正多边形都是旋转对称图形的这个性质，先设计出一个基本图形，再将它旋转若干份后组成一个新图形。那么我们该如何进行旋转呢？我们知道，正多边形都有其中心，中心是正多边形内切圆或外接圆的圆心，每一条边所对的外接圆的圆心角叫作正多边形的中心角。而正多边形的中心角度数为360°除以其边数，即 $(\frac{360}{n})°$。

因此，如果你以正 n 边形作为你的灵感缪斯来设计灯具，那么可以先设计出一个基本图形，再将它每次按同一时针旋转 n 次 $(\frac{360}{n})°$，将旋转后的多个图形组成一个新图形。

例如图 2-48（b）这个复杂的形状，就是图 2-48（a）这个简单的几何图形旋转8次45°后再组合得到的。

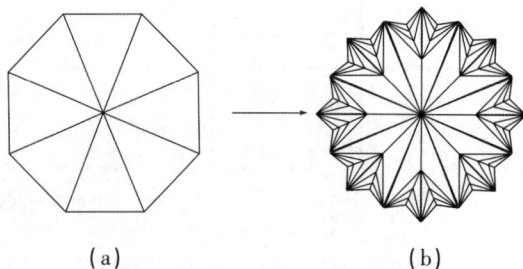

(a)　　　　　　　　(b)

图 2-48

图片来源：张安军. 欣赏"旋转对称"：对教材中"阅读与思考"的拓展与引申 [J]. 中小学数学（初中版），2015（4）：5-6.

折纸时，如果用数学的眼光去观察，会发现折纸中包含着许多的数学奥秘。凭借着折叠时产生的几何形的连续变化，折纸能形成丰富多彩的物象。纸张本身都是几何图形，折叠后会产生新的几何图形，组合后则被称为几何体。这个过程蕴含着数学、几何、测绘、造型等多方面知识的综合运用。如果我们展开折纸作品，上面的折痕会表现出一些数学特性，使我们有规律可循，从而更轻易地实现折叠。下面让我们开折叠旋转万花筒吧！

取一张正方形彩纸，先将其上下对折，再将其沿对角线对折，折痕如图 2-49（a）所示；之后将四个角沿中心折叠，折痕如图 2-49（b）所示。

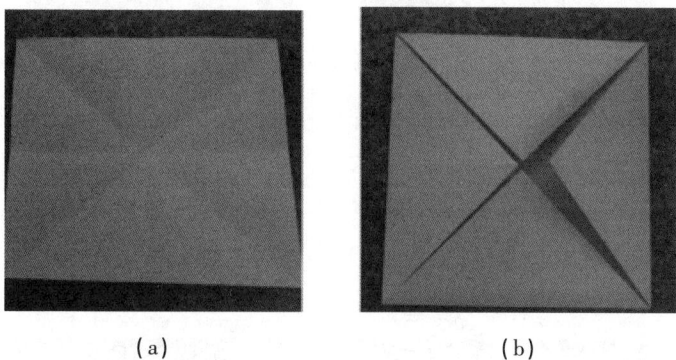

(a)　　　　　　　　　　(b)

图 2-49

先将正方形彩纸展开，如图 2-50（a）所示，并将其四个角对折之后得到图 2-50（d）。

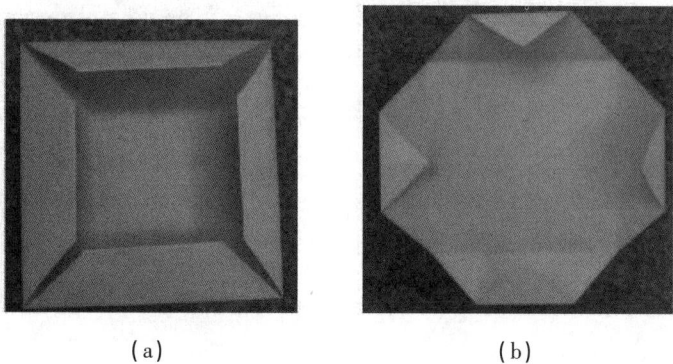

(a)　　　　　　　　　　(b)

图 2-50

先将正方形彩纸翻过来，如图 2 - 51（a）所示，并将其四个角对折得到图 2 - 51（b）。

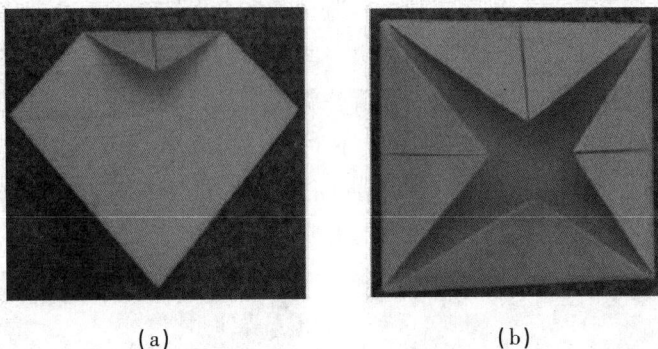

（a）　　　　　　　　　　（b）

图 2 - 51

先将正方形彩纸翻过来，如图 2 - 52（a）所示，之后再将其四个角拱起，如图 2 - 52（b)所示。

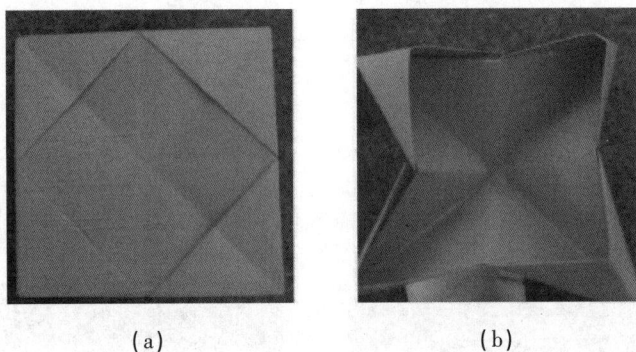

（a）　　　　　　　　　　（b）

图 2 - 52

把图 2 - 52（b）拱起对折得到图 2 - 53（a），将若干个"小心心"重合并用固体胶粘起来，最后展开可得到图 2 - 53（b）。

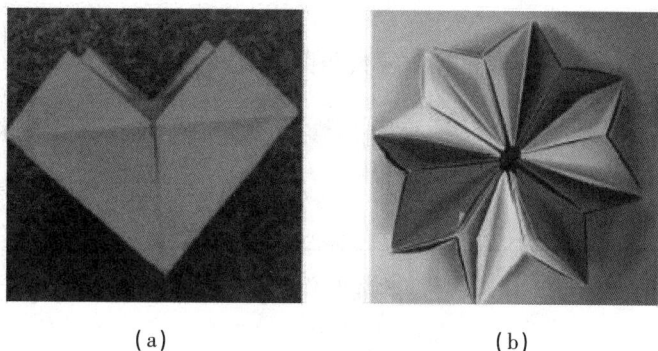

(a)　　　　　　　(b)

图 2 - 53

作业二（操作型——制作模型）：

说出折纸过程中蕴含的数学知识，并将自己的"翻转万花筒"进行创意加工，与家人一起分享折纸的快乐。

第十节　探究规律

你知道在平面内搭成 10 个相同大小的等边三角形需要多少根火柴棒吗？毕达哥拉斯学派的三角数是什么数？有怎样的规律？生物体内的细胞数量是怎样增加的？一张纸折叠多少次才能抵达月球？

人类是按照美的原则来构建世界的，这是人类生存的要求。令人惊奇的是，大自然中的动植物似乎先于人类更早地运用了美的原则来构建这个世界。当我们仔细观察自然界的各个领域，便会得出这样的结论——自然似乎懂得数学；自然界中的事物都是按照一定规律发展的；在数学中，数或图形有时也是按照一定规律排列的。

每天的日出和日落、每周的工作日和周末，都有一定的时间间隔，不断循环。路边的路灯总是等间距地排列。动植物的生长过程中，细胞的分裂总是以指数增长的方式进行。当我们把一个数不断乘以 2 时，这个数就会迅速变大。这些规律给人以美的感受，并被人们运用在生活生产的各个方面。比如在金融领域，被称为世界第八大奇迹的复利就是运用了等比数列的性质。另外，人们还利用这些规律来预测人口的增长。总之，这些规律无处不在。

你想知道这种美到底是怎样的美吗？你可以运用这些规律来解释现实世界甚至进行创新创作吗？本节课就让我们一起来认识它吧！

奇特的三角数

毕达哥拉斯学派的人非常重视数与图形之间的关系。因此，在数的方面，对于可用一种名叫"单子"的符号"●"排列成优美图形来表达的数，他们十分关心。

三角形便是其中之一。毕达哥拉斯学派的人将可用单子"●"排列成如图 2-54 所示的三角图形来表示的数叫作"三角数"。

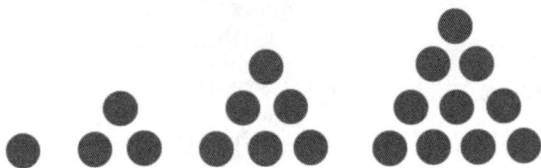

图 2-54

图 2-54 中，第 1 号三角数是 1，第 2 号三角数是 $1+2=3$，第 3 号三角数是 $1+2+3=6$，第 4 号三角是数 $1+2+3+4=10$，……如果来一个飞跃，问第 7 号三角数是多少，大家怎么把它求出来呢？如果按照前面的顺序耐心地继续列举，便有：

第 5 号三角数是 $1+2+3+4+5=15$；

第 6 号三角数是 $1+2+3+4+5+6=21$；

第 7 号三角数是 $1+2+3+4+5+6+7=28$。

于是得知第 7 号三角数为 28。这种办法的确也行得通，可是，如果要求的是往后很远的某一号三角数，岂不是很为难吗？因此，这里需要一种更好的办法。

这样的办法是有的。我们设想一个与第 7 号三角数相同的图形，将其倒置，与第一个图形相拼，这样一来，在合并后的图形中，纵向的单子书目为 7，横向的单子书目为 $7+1=8$，总数为 $7\times(7\times1)=56$。由于此数是第 7 号三角数的 2 倍，所以第 7 号三角数为 $[7\times(7\times1)]\div2=28$，如图 2-55 所示。

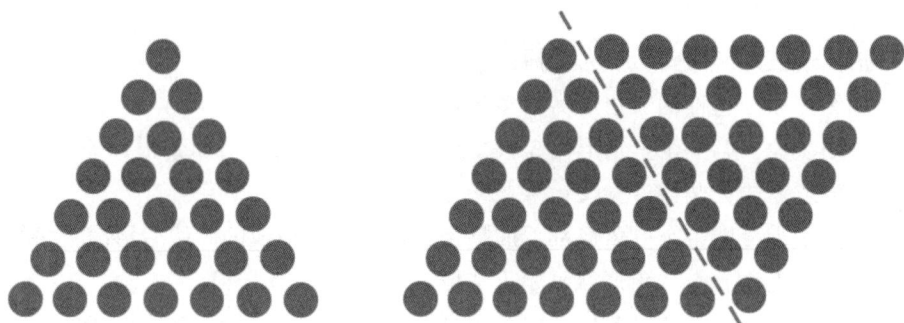

图 2 - 55

改用数学语言叙述就是：第 n 号三角数等于 $1 + 2 + 3 + 4 + \cdots + (n-1) + n = \frac{1}{2}n (n+1)$。

作业一（研究型——数学建模）：

如图 2 - 56 所示，第 n 个图形需要的棋子数量是_____。（用含有 n 的代数式表示）

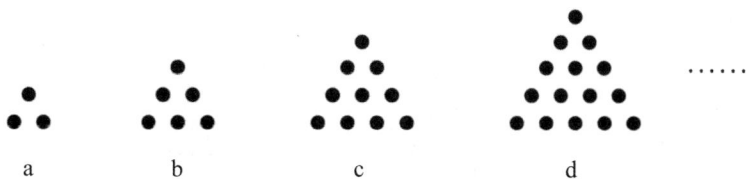

a　　　　b　　　　c　　　　d

图 2 - 56

用火柴棒搭三角形

火柴棒看似简单，但它们在几何形状的构建中有着意想不到的可能性。如图 2 - 57 所示，当我们用火柴棒搭建三角形时，可以发现一个有趣的规律。

图 2 - 57

搭 1 个三角形需要 3 根火柴棒；

搭 2 个三角形需要 5 根火柴棒；

搭 3 个三角形需要 7 根火柴棒；

那么搭 n 个这样的三角形需要多少根火柴棒？

小明认为，第一个三角形用 3 根，每增加一个三角形增加 2 根，那么搭 n 个三角形就需要火柴棒 $[3+2(n-1)]$ 根。

小红认为，把每个三角形都看成是用 3 根火柴棒搭成的，然后再减去多算的根数，那么搭 n 个三角形就需要火柴棒 $[3n-(n-1)]$ 根。

小芳认为，第一个三角形可以看成是 1 根火柴棒加 2 根火柴棒搭成的，此后每增加一个三角形就增加 2 根，搭 n 个三角形就需要火柴棒 $(2n+1)$ 根。

小明、小红和小芳的想法不一样，但推理的结果都是 $(2n+1)$ 根。

通过观察和简单的数学推理，我们找到了火柴棒搭建三角形的规律。这个有趣的现象展示了几何形状和数学之间紧密的联系，同时激发了我们对数学规律的探索和思考。下次当你拿起一根火柴棒时，想想它所蕴含的奥秘吧！

作业二（研究型——数学建模）：

学校餐厅中，一张桌子可坐 6 人，现有以下两种摆放方式：

（1）按图 2-58 的方式摆放餐桌和椅子：摆 4 张桌子可坐_____人，摆 n 张桌子可坐_____人。

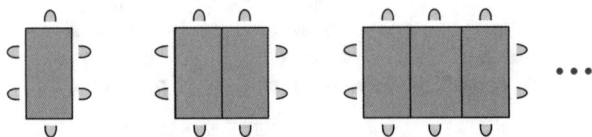

图 2-58

（2）按图 2-59 的方式摆放餐桌和椅子：摆 4 张桌子可坐_____人，摆 n 张桌子可坐_____人。

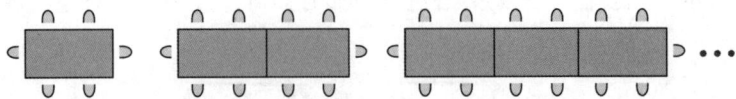

图 2-59

（3）新学期有 200 人在学校就餐，但餐厅只有 60 张餐桌，若你是教师，你打算选择哪种方式来摆放餐桌？为什么？

生物体内的细胞数量是怎样增加的？

一粒种子能够长成参天大树，池塘中的小鱼可以长成大鱼。我们从婴儿到成年，构成身体的细胞会从 10^{12} 个增加到 10^{14} 个。生物体由小长大，与细胞的生长、分裂、分化分不开。

构成生物体的细胞要不断从周围环境中吸收营养物质，并且转变成组成自身的物质，体积会由小变大，这就是细胞的生长。然而，细胞不能无限制地长大，一部分细胞长到一定的大小，就会进行分裂。

细胞分裂时，细胞核先由一个分成两个。随后，细胞质分成两份，每份各含有一个细胞核。如图 2-60（a）所示，如果是动物细胞，细胞膜从细胞的中间向内凹陷，缢裂成两个细胞。如图 2-60（b）所示，如果是植物细胞，则在原来的细胞中央，形成新的细胞膜和新的细胞壁。于是一个细胞就分裂成两个细胞。如图 2-60（c）所示，若经过 2 次分裂，1 个细胞可分裂成 4 个细胞。

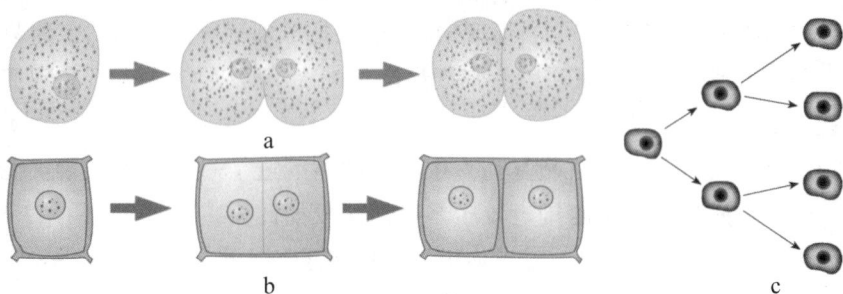

图 2-60

试想一下，1 个细胞经过 4 次分裂，能分裂成多少个细胞？

作业三（研究型——数学建模）：

癌细胞是由正常细胞变化而来的。癌细胞的特点之一是分裂非常快，并且可以不断分裂，形成肿瘤。全世界每年有数百万人被各种各样的癌症夺去了生命。一般早期发现的癌症，癌细胞已经历了 30 次细胞分裂，请你算一算这是有多少个癌细胞？（用科学计数法表示）

一张纸折叠多少次能抵达月球?

如图 2－61 所示,假设一张纸的厚度为 0.1 毫米。折叠 1 次变成了 2 层,厚度为 $2×0.1$ 毫米。折叠 2 次变成了 $2^2＝4$ 层,厚度为 $4×0.1$ 毫米。折叠 3 次变成了 $2^3＝8$ 层,厚度为 $8×0.1$ 毫米。

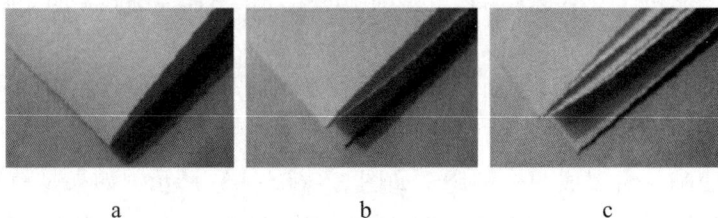

a   b   c

图 2－61

以此类推,折叠到 42 次时,这个厚度是 $2^{42}×0.1$ 毫米,即439 804.65千米。而地球到月球的距离约为 389 802 千米,一张纸折叠 42 次后的长度已经超过两者之间的距离,所以一张纸折叠 42 次就能从地球到达月球。当然,这只是理论上分析得到的。一般来说,一张纸最多折 7 次,所以 42 次折纸在现实中是实现不了的。

2011 年,美国得克萨斯州圣马克中学的师生创造了一项世界纪录:他们做了一张很长的卷纸,长度接近 4 千米,但即便如此,它也只对折了 13 次,打破了 2002 年 12 次的纪录。如果你想下次打破这个纪录,至少要准备 8 千米的卷纸。根据厚度和折弯长度余量计算,理论上还要更长。

作业四 (研究型——数学建模):

将一张长方形的纸对折,可得到一条折痕,继续对折,对折时每次折痕与上次折痕保持平行,连续对折 4 次后可以得到多少条折痕?如果连续对折 n 次,又可以得到多少条折痕?

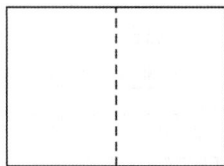

次数对折	1	2	3	4	…	n	
折痕条数							

第十一节　视觉误差

为何大小一样的物体，在一些比它大的物体中会显得小，而在比它小的物体中则显得大？为何法国国旗蓝、白、红三色的比例为 37：30：33，而我们却感觉三种颜色面积相等？为何一幅静止的图片能呈现出动态效果？

我们能看到东西，是眼睛和大脑相互配合工作的结果。通常，大脑对眼睛看到的东西的解读与实际情况是一致的。但有时由于物体形状、颜色或周围光线的影响，我们看到一些实际上并不存在或者与实际相差甚远的东西。这种错误感知就是视觉误差，又被称为"视错觉"。视错觉被广泛运用于艺术、生活、军事等领域。

不同脸型的发型设计与视觉有着密切的联系。穿细横条和深底色的横条纹有显瘦的效果，电梯中经常使用镜子起到扩大视野的作用，理发店门前旋转起来的三色柱标志给人以飘动柔顺的视觉感受，3D 错觉艺术作品能够使游客融入每一幅画作中并与其互动，路边的广告、企业的标志、电影的海报、舞蹈、展示设计、建筑、军事等，都不乏视错觉的设计元素。

生活中常见的视错觉有哪些呢？视错觉有几何错觉、颜色错觉、运动错觉等。本单元让我们一起来认识它们吧！

几何错觉

几何图形和线形的组合产生了特殊的环境，导致视觉发生错误。常见的几何错觉有方向错觉、长度错觉、横竖错觉、面积错觉等。

方向错觉是指在周围背景的影响下，感知到的图形位置或方向与实际的位置或方向不一致，如图 2 - 62 所示，一条直线的中部被遮盖住，直线两端向外移动部分看起来不再是直线了。

图 2 - 62

长度错觉是指在一定条件下原本等长的线段看起来长度不一样。

如缪勒—莱尔错觉，又叫箭形错觉，是指：两条长度相等的直线，如果一条直线的两端加上向外的两条斜线，另一条直线的两端加上向内的两条斜线，则前者会显得比后者长得多，如图 2 - 63 所示。

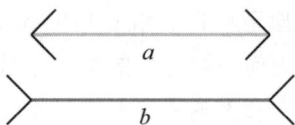

图 2 - 63

横竖错觉是指两条线段长度相等，一条垂直于另一条的中点，垂直线看起来会比水平线更长一些，如图 2 - 64 所示。

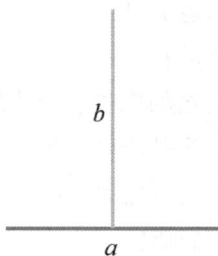

图 2 - 64

面积错觉是指由于物体周围参照物的影响，大小一样的物体，在一些比它大的物体中看上去会显得小，而在比它小的物体中则显得大。如艾宾浩斯错觉：两个完全相同大小的圆，一个被更大的圆包围，另一个被较小的圆围绕，前者看起来更小，如图 2 - 65 所示。

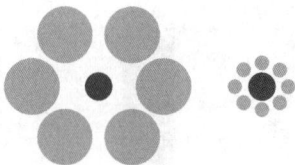

图 2 - 65

图片来源：张玉华. 视错觉的研究及应用 [D]. 济南：山东建筑大学，2010.

作业一（实验型——数学实验）：

（1）图2－66中的五条斜线互相平行吗？动手验证一下吧！

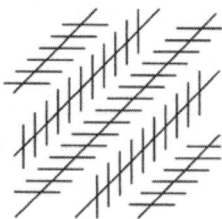

图2－66

（2）图2－67中的两条横线是直线还是曲线？

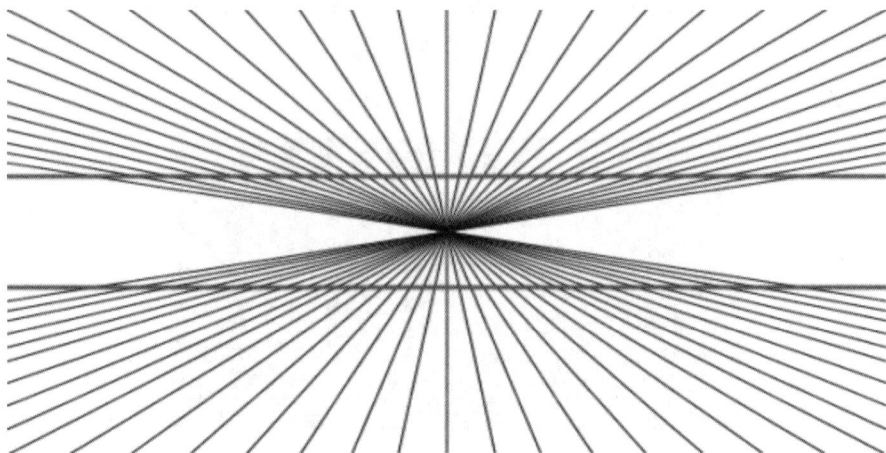

图2－67

颜色错觉

颜色错觉主要是因色彩的对比和色彩的空间混合而产生。所谓色彩对比，是指因不同性质的色彩并置而影响视觉的准确性。如明亮色的扩张和深色的收缩，会使同面积的色彩显得不一样大。

如法国的国旗蓝、白、红三色的比例为37：30：33，而我们却感觉三种颜色面积相等。这是因为白色给人以扩张的感觉，而蓝色则有收缩的感觉。其他如补色对比、冷暖色对比也会产生错觉。色彩的空间混合错觉则是由不同色彩的点、线并置，在一定距离外会被看成第三色，如电视机的彩色由红、蓝、绿三种光点混合而成，印刷的色彩则由黑、蓝、红、黄四种网纹混合而成。这种空间混合，早已被点彩派绘画所利用。

运动错觉

运动错觉是指在一定的时间和空间条件下，人们在静止的物体间看到了运动，或者在没有连续位移的地方看到了连续的运动。运动错觉分两种情况：第一种是在某些条件下，人由单一刺激可以产生运动感觉，而刺激实际不运动；第二种是将客观不连续刺激位移认知成连续位移的现象。运动错觉现象的生理机制是在脑视皮层 V1 区接受各类信息刺激，向高级视皮层传送不同对比度线索，到 V5 区时激活对真实运动响应的神经元，从而产生运动的心理认知！亮度渐变和线段边缘断层是形成运动错觉现象的 2 个基本因素，解释了运动错觉设计规则。

"旋转蛇"是典型图例。从图 2 - 68 中可以看到，圆盘似乎都在旋转，但凝视其中的一个时是静止的。也就是说，当图形不在视觉中心时产生似动，处于视觉中心时错觉消失。这是似动图形的特点。

图 2 - 68

永远求新求变的人类并不满足于在平面上创造正常三维效果，因而创造出了奇特的矛盾空间。矛盾空间就是在透视法基础上表现出矛盾的空间状态。这种视错觉图形单看局部时是成立的，整体观察时却呈现出前后颠倒或上下错位等矛盾的空间状态。这些矛盾状态在真实的三维世界里是不可能存在的，因此又被称为"不可能图形"。矛盾空间具有表现多视点的特性，在模拟的立体形体中显现出模棱两可的视觉效果，造成空间上的混乱。

"彭罗斯阶梯"就是典型的矛盾空间图。如图 2 - 69 所示，这是一个四边形阶梯，一个人可以永远从上往下走或永远从下往上走，是封闭的循环图。

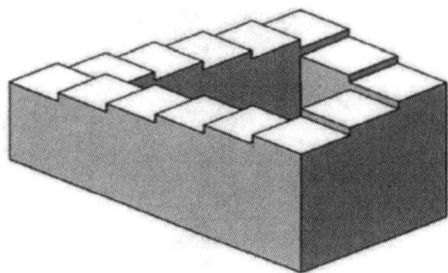

图 2 – 69

著名的"内克尔立方体"是瑞士博物学家内克尔在 1832 年设计的。内克尔立方体几何图形错觉说明，视觉对透明立方体的透视关系可以有不同的理解，画有斜线的面既可在最前面，也可在最后面，如图 2 – 70。

图 2 – 70

轮廓错觉包括视觉反转、主观轮廓、伪装错觉等，其中的视觉反转心理学研究术语为"多重刺激"或"歧义图形"，指图形不变，观察者可从中看出 2 种或 2 种以上的图像。其经典图例是丹麦心理学家 E – Rubin 于 1915 年创造的"鲁宾之壶"，如图 2 – 71 所示。图中的深浅两色互为图底关系。若以深色为图、浅色为底，能看出一个容器造型；若以浅色为图、深色为底，则能看出左右两边相对的人物侧面造型。该图根据视角转换能解读出不同内容，是具有多重解释的歧义图形。

图 2 - 71

图片来源：栾建霞. 视错觉在交互界面设计中的应用 [J]. 北京工业大学学报（社会科学版），2015，15（2）：71 - 75.

【你还知道哪些视错觉图案和作品呢？有兴趣的同学赶紧利用互联网查查吧！事实上，生活中还有许多视错觉现象，比如：理发店门前的三色柱的设计，野战中用于隐蔽的伪装服的设计。留心观察，你们一定还能发现不少有趣的视错觉现象！】

视觉游戏

（1）赫尔曼·格瑞德幻觉：即同时对照幻觉，图 2 - 72 中，交叉部分的白点是不是显得比方格更白更亮？

图 2 - 72

解析：白色方格看起来更白一点，尽管两者并没有区别，小白格看起来好像位于黑色背景上，这强化了每一个小方格和它背景之间的亮度对比。

（2）韦德螺旋：如图 2 - 73 所示，这真是一个螺旋吗？

图 2 - 73

解析：英国视觉科学家、艺术家尼古拉斯·韦德向我们展示了他的弗雷泽螺旋幻觉的变体形式。图形看起来像螺旋，实际上却是一系列同心圆。

（3）比泽尔德幻觉：图 2 - 74 中所有的颜色看起来都一样吗？

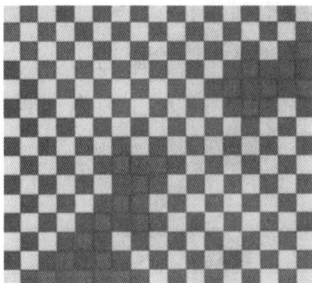

图 2 - 74

解析：背景会影响你对颜色的感知，所有的深色都是完全一样的。这就是比泽尔德幻觉。

（4）米勒·莱尔幻觉：图 2 - 75 中哪条红线更长？

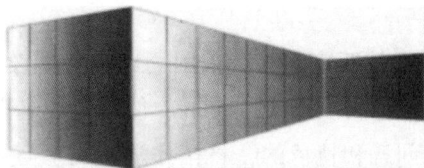

图 2 - 75

解析：信不信由你，两条红线完全等长。透视的运用大大地增强了传统的米勒·莱尔幻觉版本的效果。相比之下，传统的米勒·莱尔版本逊色不少。

（5）曲线幻觉：图2-76中所有的线都是平行的吗？

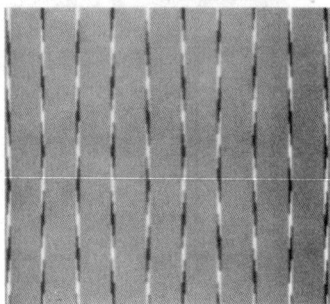

图2-76

解析：当你的视网膜把边缘和轮廓译成密码，幻觉就偶然地在视觉系统里发生，这就是曲线幻觉。

作业二（操作型——模型制作）：

通过上面的阅读与理解，现在你可以运用所了解到的有关视错觉的知识设计一幅属于你的独特的视错觉作品了吧！请你大胆创作，并把作品画或贴在下面的方框中吧！

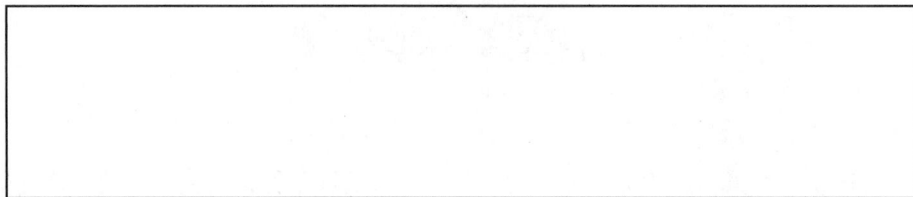

第十二节　神奇的莫比乌斯环

2007年世界特殊奥林匹克运动会采用莫比乌斯环设计的主火炬告诉我们：转换一种生命的方式，你将获得无限发展。使用莫比乌斯环（图2-77）作为展示的方式是非常有创意和特色的，将拓扑学的观念与关于人和自然的哲学思想相结合，能够引起观众的好奇心和思考。那么，什么是拓扑学？莫比乌斯环又具有哪些特质？让我们一起来阅读学习，一起来制作一个简易的莫比乌斯环吧！

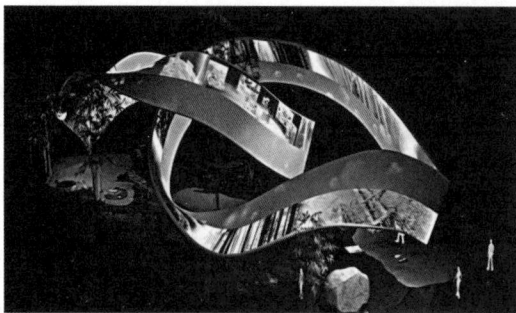

图 2 - 77

拓扑学（topology），是研究几何图形或空间在连续改变形状后还能保持不变的一些性质的学科。它只考虑物体间的位置关系而不考虑它们的形状和大小。

拓扑学有一个有趣的绰号——"橡皮几何学"。这是因为如果几何图形是用弹性良好的橡皮制成的，如图 2 - 78 所示可以比较随意地将其弯曲或拉伸，变成各种同胚的图形，而不改变其拓扑性质。追本溯源，拓扑的思想最早是在几何学中产生的。几何拓扑学是 19 世纪形成的一个数学分支，属于几何学的范畴。有关几何拓扑学的一些内容早在 18 世纪就出现了。那时候发现了一些孤立的问题，后来在拓扑学的形成中占有重要的地位。例如，关于莫比乌斯环、哥尼斯堡七桥问题、多面体的欧拉定理、四色问题等，都是拓扑学发展史上的重要问题。

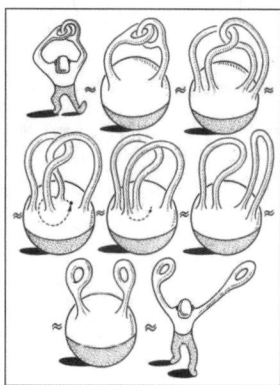

图 2 - 78

等价

在拓扑学中，等价是指两个拓扑空间之间的一种关系。如果一个图形经过拓扑变化能与另一个图形重合，我们就称这两个图形是等价图形或是同胚图形。等价图形在拓扑学中被看作同一个图形而不加以区别。

例如，在二维空间中，球面和环面就是拓扑等价的。无论如何拉伸、挤压或者变形，只要球面的拓扑结构保持不变，它们仍然是拓扑等价的。同样地，足球和橄榄球也是拓扑等价的，而游泳圈的表面和足球的表面则有不同的拓扑性质，比如游泳圈中间有个"洞"，如图 2 - 79 所示。在拓扑学中，足球所代表的空间叫球面，游泳圈所代表的空间叫环面，球面和环面是"不同"的空间。

图 2 - 79

拓扑等价的概念为研究和划分不同形状的空间提供了一种有力工具。因为拓扑不依赖度量或度量空间的具体形状，所以拓扑等价可以处理非常抽象的形状，从而具有广泛的应用，包括地理学中的地图的变形、生物学中的分子结构的比较、计算机科学中的图形变形等。

作业一（研究型——数学问题）：

（1）如图 2 - 80 所示，在拓扑学中勺子和钢笔是等价的吗？

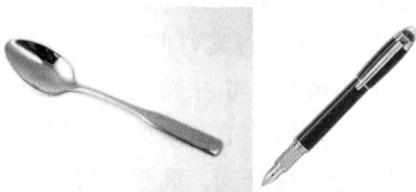

图 2 - 80　勺子和钢笔

请寻找更多你生活中的物品，并找出更多拓扑等价的例子进行比较

（2）在拓扑学家中流传着这么一句俏皮话：一个拓扑学家说不清咖啡杯和面包圈的差别（如图 2 - 81）。现在你能解释一下是为什么吗？

图 2 - 81　咖啡杯和面包圈

莫比乌斯环

用一张长方形的纸条，首尾相粘，做成一个纸圈（如图 2 - 82），然后只允许使用一种颜色，在纸圈上的一面进行涂抹，最后把整个纸圈全部抹成一种颜色，不留下任何空白。这个纸圈应该怎样粘？

如果是纸条的首尾相粘做成的纸圈有两个面，势必要涂完一个面再重新涂另一个面，不符合涂抹的要求。能不能做成只有一个面、一条封闭曲线为边界的纸圈呢？

图 2 - 82

这个纸圈是德国数学家莫比乌斯在 1853 年研究"四色定理"时偶然发现的一个副产品。后人为了纪念他，所以把它叫作"莫比乌斯环"或者"莫比乌斯带"。

普通纸带具有两个面（即双侧曲面）：一个正面，一个反面。两个面可以涂成不同的颜色。而这样的纸带只有一个面（即单侧曲面），一只小虫可以爬遍整个曲面而不会跨过它的边缘！

莫比乌斯环应用

莫比乌斯环的概念被广泛地应用于建筑、艺术、工业生产中。运用莫比乌斯环原理，我们可以建造立交桥和道路，避免车辆行人的拥堵。

1979 年，美国著名轮胎公司百路驰创造性地把传送带制成莫比乌斯环形状。这样一来，整条传送带环面各处均匀地承受磨损，避免了普通传送带单面受损的情况，使得其寿命延长了整整一倍。

在美国匹兹堡著名的肯尼森林游乐园里，就有一部"加强版"的云霄飞车——它的轨道是一个莫比乌斯环，乘客在轨道的两面上飞驰。

莫比乌斯环循环往复的几何特征，蕴含着永恒、无限的意义，因此常被用于各类标志设计。微处理器厂商 Power Architecture 的商标就是一条莫比乌斯环，甚至垃圾回收标志也是由莫比乌斯环变化而来的。

莫比乌斯环是拓扑学中最有趣的问题之一。莫比乌斯环是一个迷人的几何表面，只有一个边界和一个面，却代表着可能性和永无休止的循环。克莱因瓶没有边界，只有一个面。莫比乌斯环和克莱因瓶循环往复的特点和本身具有的独特美感，常常被用到美学、艺术和建筑设计领域，也应用于生活中的工业生产及其他方面，如图 2 - 83 所示。

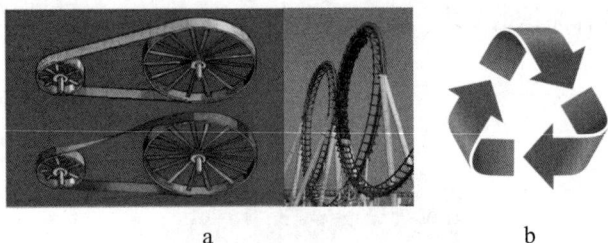

a   b

图 2 - 83

制作莫比乌斯环

莫比乌斯环是一种有趣的几何形状，只有一个面和一个边界。制作莫比乌斯环的过程相对简单，你只需要准备两条纸带。下面让我们一起来动手制作一个莫比乌斯环吧！

第一步：准备一条细长的带状纸条或者带状面料。可以使用纸条、纸带、织物带等材料，宽度和长度可根据个人喜好和需要确定，如图 2 - 84 所示。

图 2 - 84

第二步：将纸裁成细条状，取其中两条，如图 2 - 85 所示。

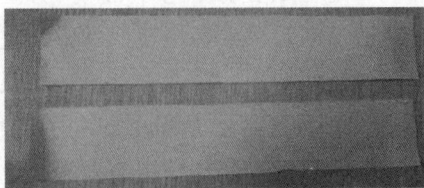

图 2 - 85

第三步：把两条纸带的一端粘在一起（如图 2 - 86）。

图 2 - 86

第四步：由于纸条或面料是可弯曲的，可以把纸条的一端转 180°，也就是转一个面，然后将这一端与纸条另一端粘起来，就是一个莫比乌斯环了。

作业二（操作型——模型制作）：

（1）在这个莫比乌斯环上找一个起点，沿着这个起点不经过纸环的边缘运动一圈，如图 2 - 87 所示，那么，运动的终点会在哪里呢？运动过的路程与莫比乌斯带的周长有什么关系呢？

图 2 - 87

（2）按照下面的步骤动手操作，你发现了什么？

如果在裁好的一张纸条正中间画一条线（如图 2 - 88）粘成"莫比乌斯环"，再沿线剪开，把它一分为二，会是什么样呢？

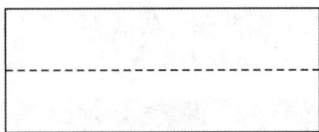

图 2 - 88

如果在纸条上画两条线，把纸条分成三等分（如图 2 - 89），再粘成"莫比乌斯环"，用剪刀沿画线剪开，剪刀绕两个圈竟然又回到原出发点，猜一猜剪开后的结果是什么？是一个大圈？还是三个圈？

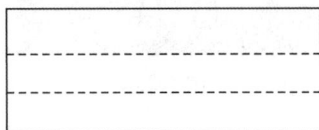

图 2 - 89

（3）沿着莫比乌斯环其中一个点一直往下走，是无穷无尽的。如果将戒指做成了莫比乌斯环的形状或者是含有莫比乌斯环的元素（如图 2 - 90），便赋予它长久的情感期许。你能否利用莫比乌斯环的性质设计一个含有莫比乌斯环元素的物品？大胆试一下！

图 2 - 90

第十三节　数学欣赏

在日常生活中我们会欣赏到美丽的图形创意画，你知道它们是如何创造出来的吗？中国的剪纸历史悠久，剪纸蕴含了什么数学知识？精美的窗户又是如何设计出来的呢？在大自然中我们会发现很多美丽的花朵都呈现出一定的规律，这又蕴含了哪些知识？你会利用所学数学知识绘制出这些美丽的图案吗？

数学不只是公式和逻辑，它还可以通过图案、对称和排列来表现美和形状。利用平移、轴对称、旋转，我们可以设计各种各样的图案。在数学的帮助下，艺术家可以在设计领域达到新的高度，自然界很多花朵都呈现圆形的旋转对称性。本单元就让我们利用手上的工具，学习并动手设计出你喜欢的图案吧！

利用平移进行图案设计

利用平移，可以设计出非常美丽的图案。例如，图 2 - 91 中的每一匹马都可以由正方形上的平移得到，①②③④⑤就是平移过程。

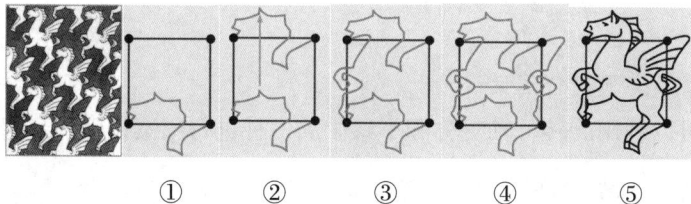

①　　②　　③　　④　　⑤

图 2 - 91

步骤 1：画出一个正方形，借助正方形描绘如①中的图案；

步骤 2：将①中图案向上平移，得②；

步骤 3：描绘出如③的马的左边部分；

步骤 4：把左边部分向右平移，即可得④；

步骤 5：画上精美的花纹，即可得⑤；

步骤 6：把⑤向上向下或向左向右进行平移多次，涂上喜欢的颜色，即可得图 2 - 91。

剪纸欣赏

数学图案是数学美最直观的表现形式，能带给学生强烈的视觉冲击。

轴对称图形均衡、和谐，给人以美的享受，人们常常利用轴对称设计图案。我国劳动人民用自己的智慧创造出了中国民间艺术——剪纸，又叫作窗花。这古老的传统民间艺术有 1 000 多年的历史了，风格独特，深受国内外人士的喜爱。剪纸可用于点缀墙壁、门窗 、房柱、镜子、灯和灯笼等，也可为礼品作点缀之用，甚至剪纸本身也可作为礼物赠送他人。人们以前还常把剪纸作为绣花和喷漆艺术的模型。请大家欣赏图 2 - 92 的几幅剪纸图案。

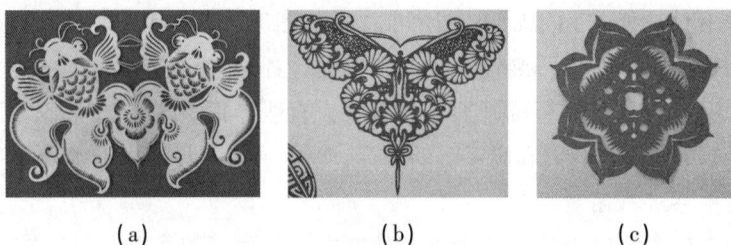

(a)　　　　　(b)　　　　　(c)

图 2 - 92

图片来源：赵琳. 初中数学欣赏课的教学设计研究 [D]. 苏州：苏州大学，2013.

利用多种变换进行图案设计

我们可以利用旋转、轴对称和平移中的一种进行图案设计，还可以利用它们的组合进行图案设计。例如，图 2 - 93 中的图案就是由 "" 经过旋转、轴对称和平移得到的。

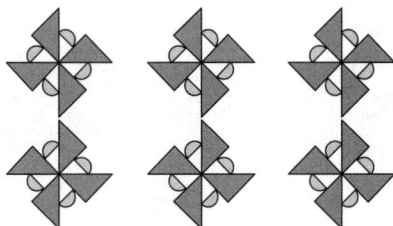

图 2 - 93

旋转：以点 O 为旋转中心将 "" 逆时针旋转 90°，180°，270°，分别得到图 2 - 94 中的图案。

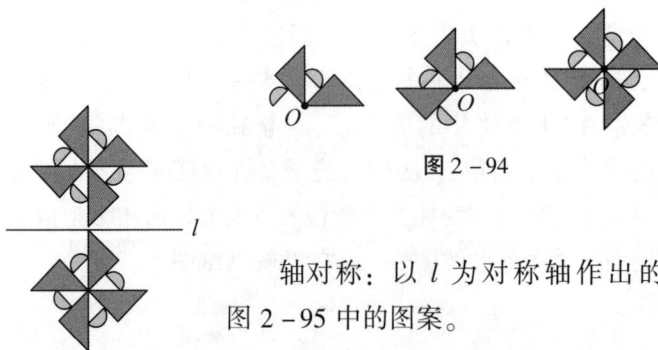

图 2 - 94

轴对称：以 l 为对称轴作出的 对称图形，得到图 2 - 95 中的图案。

图 2 - 95

平移：将图 2 – 95 向右平移两次，得到图 2 – 93 中的图案。

作业一（操作型——模型制作）：

（1）请找出图 2 – 96 中的基本图案，并说出图案的形成过程。

图 2 – 96

（2）你能用一个更为简单的几何图形，如线段（一条或多条）通过平移、轴对称或旋转等图形变换设计一个优美图案并配上形象的名字吗？如图2 – 97 就是符合要求的图形，比一比，看谁做得又快又美！

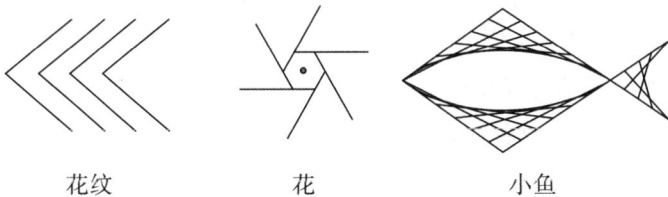

花纹　　　　　　　花　　　　　　　小鱼

图 2 – 97

最美的平面几何图——圆

圆是设计图案时必不可少的元素。毕达哥拉斯学派认为，一切空间图形中，最美的是球形；一切平面图形中，最美的是圆形。圆是中心对称图形（绕着自身旋转180°能跟自身重合的图形），也是轴对称图形——任何一条直径所在直线都是它的对称轴。圆是艺术家在设计图案时最喜欢利用的几何图形。

许多图案设计都和圆有关，如图 2 – 98 是一些利用等分圆周设计出的美丽图案，图 2 – 99 展示了其中一个图案利用圆规将圆进行了六等分的设计过程。

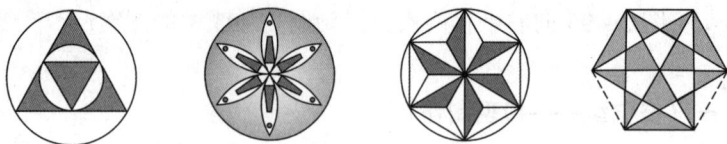

图 2 - 98

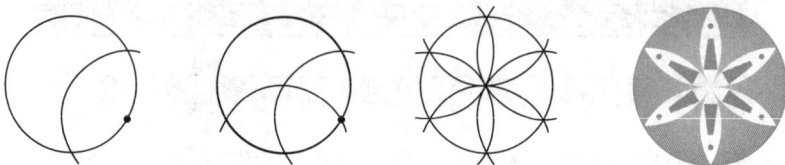

图 2 - 99

图片来源：课程教材研究所，中学数学课程教材研究开发中心. 义务教育教科书：数学（九年级上册）[M]. 北京：人民教育出版社，2012：119 - 120.

自然界的旋转对称

在自然界中，美的东西大多都具有对称性，比如花卉、叶片、动物等。这种对称性有平移对称、轴对称和旋转对称。旋转对称是：物体在形状上保持一致，绕一个定点旋转一定的角度的图形变换形式。

在大自然中哪里可以找到这种呈圆形的旋转形式呢？答案随处可见，例如图 2 - 100 中的花朵。这种对称性出现在花瓣或萼片围绕着一个中心且每个花瓣或萼片与中心等距的各种花里。

图 2 - 100

图片来源：布莱克伍德. 数学也可以这样学：大自然中的几何学[M]. 林仓忆，苏惠玉，苏俊鸿，译. 北京：人民邮电出版社，2020：19 - 43.

利用圆作旋转对称图形

步骤1：先画出多个同心圆，并把圆周等分，如图2–101（a），分成24等分；

步骤2：在圆上任取三点，连接成三角形，如图2–101（b）所示；

步骤3：把每个点在对应圆上往顺时针方向数三格，得到第二个旋转后的三角形……如图2–101（c）；

步骤4：重复步骤3的做法，顺次画出第3个，第4个……第8个三角形，即可得到图2–101（d）所示的旋转对称图形。

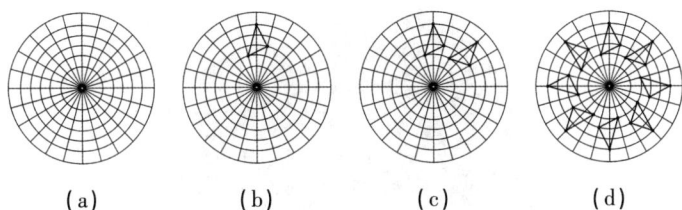

（a）　　　　　（b）　　　　　（c）　　　　　（d）

图2–101

作业二（研究型——数学问题）：

（1）每次旋转作图，三角形旋转了多少度？

（2）如何将圆进行等分？请将你发现的规律跟同学们交流。

作业三（操作型——模型制作）：

如图2–102所示，利用圆，你能设计其他美丽的图案吗？除了三角形，你还可以用其他图形，还可以把圆周按照你的想法进行等分，如五等分、六等分、八等分……

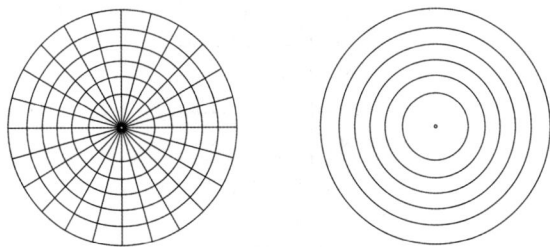

图2–102

第十四节　三阶幻方

幻方起源

公元前 3 000 多年，洛河经常发大水，禹带领百姓去治理洛河时，水中浮起一只大乌龟，背上有奇特的图案。如图 2 - 103 所示，龟背上的图案是什么意思呢？

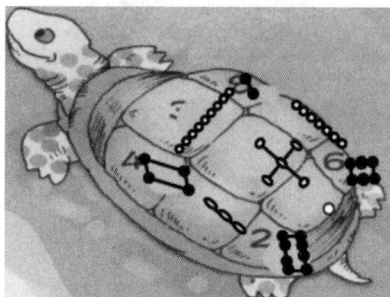

图 2 - 103

图片来源：罗见今. 世界上最古老的三阶幻方：关于组合学起源的讨论 [J]. 自然辩证法通讯，1986（3）：49 - 57，80.

"九宫之义，法以灵龟，二四为肩，六八为足，左三右七，戴九履一，五居中央。" 把龟背上的这些数填到方格中，可以得到如下方格：

4	9	2
3	5	7
8	1	6

我国汉朝的一本名为《数术记遗》的书把这样的图形叫"九宫格"，宋朝数学家杨辉把类似"九宫图"的图形叫"纵横图"，国外数学家把它叫"幻方"。这个方格每行、每列、对角线上的三个数的和都相等。这样的方格叫"三阶幻方"。其中每行、每列、对角线上的三个数的和叫"幻和"，中心的数

叫"中心数"。

三阶幻方是最简单的幻方，又叫九宫格。由 1，2，3，4，5，6，7，8，9 九个数字组成一个三行三列的矩阵，其对角线、横行、竖列的和都为 15，这个最简单的幻方的幻和为 15，中心数为 5。

三阶幻方的构造方法

由三阶幻方的定义可知三阶幻方有如下特征：

（1）$a_1 + a_2 + \cdots + a_9 = 3a_5$；

（1）$a_1 + a_9 = a_2 + a_8 = a_3 + a_7 = a_4 + a_6 = 2a_5$。

a_1	a_2	a_3
a_4	a_5	a_6
a_7	a_8	a_9

要准确地把九个数字填入方格中使其成为一个三阶幻方的方法有很多种，常用的方法有以下两种：

方法一：我国数学家杨辉在《续古摘奇算法》中写道："九子斜排，上下对易，左右相更，四维挺出。"具体做法如图 2 - 104 所示。

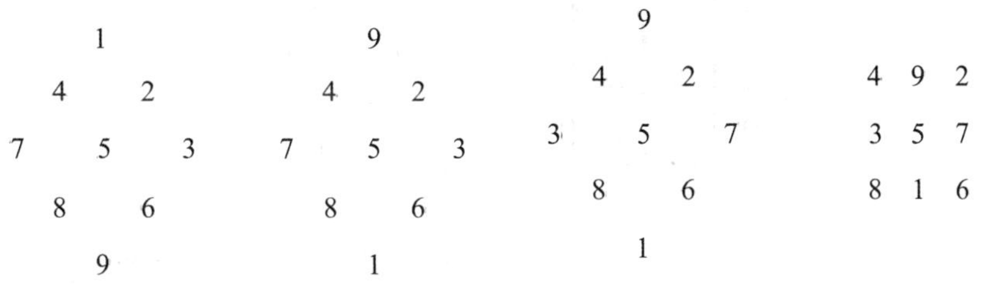

```
        1                    9                   9
    4       2            4       2           4   9   2
7     5     3        7     5     3       3   5   7       3   5   7
    8       6            8       6           8   1   6
        9                    1                   1
  a 九子斜排        b 上下对易        c 左右相更        d 四维挺出
```

图 2 - 104

口诀：三阶幻方有技巧，三数斜着先排好，上下左右要交换，然后各自归位！

方法二：第一步把九个数字按照从小到大的顺序从左到右排列；第二步让周围的八个数绕着中心数依次转动一个位置；第三步将对角线的数字进行对换。这个方法归结为"一排，二转，三对换"，如图 2 - 105 所示。

```
1 2 3      4 1 2      6 1 8
4 5 6      7 5 3      7 5 3
7 8 9      8 9 6      2 9 4
 一排        二转        三对换
```

图 2－105

作业一（研究型——数学问题）：

（1）下面两个方格是三阶幻方吗？你怎样来判别？如果是三阶幻方，请说出幻方的中心数与幻和分别是多少？

8	1	6
3	5	7
4	9	2

8	1	6
3	5	7
4	9	2

（2）你能根据三阶幻方的性质补全下列三阶幻方吗？（答案不唯一）

2	6	7
8	4	3
9	1	5

		2
		6
		4

（3）请你用上述两种方法将下面三组数分别填入 3×3 的方格中，使得每行、每列、每条对角线上的三个数之和相等。

-4，-3，-2，-1，0，1，2，3，4；

2，4，6，8，10，12，14，16，18；

3，6，9，12，15，18，21，24，27。

作业二（操作型——课外活动）：

请同学们课下查找幻方的相关知识，学习幻方的更多构造方法。

关于"幻方"的更多知识

通过对比每个小题的九个数与原来 1~9 的九个数字的关系，我们可以得到三阶幻方的性质：

（1）三阶幻方中每一个数加、减同一个数字，所得方格仍是幻方；

（2）三阶幻方中每一个数同时扩大或缩小相同的倍数，所得方格仍是幻方；

（3）三阶幻方中每一个数先扩大相同的倍数，再同时增加另一个数，所得方格仍是幻方。

按照纵横各有数字的个数，可以相应地划分为：三阶幻方、四阶幻方（图 2－106）、五阶幻方（图 2－107）、六阶幻方……

16	3	2	13
5	10	11	8
9	6	7	12
4	15	14	1

图 2－106

11	24	7	20	3
4	12	25	8	16
17	5	13	21	9
10	18	1	14	22
23	6	19	2	15

图 2－107

图 2－108 中这个六阶幻方去掉最外面一层，中间剩下的部分仍然是一个四阶幻方。这个四阶幻方由 11 到 26 这十六个数组成，其每行、每列及两条对角线上的四个数字之和都是 74。更为奇特的是，这个四阶幻方还是一个完美幻方，即各条泛对角线上的四个数字之和也都是 74。

28	4	3	31	35	10
36	18	21	24	11	1
7	23	12	17	22	30
8	13	26	19	16	29
5	20	15	14	25	32
27	33	34	6	2	9

图 2－108

这个幻方是耆那幻方，在印度哈周拉合市（Khajuraho）的耆那教寺庙门前一块石牌上刻着，是12—13世纪的产物。如图2-109所示，它的每行、每列及两条对角线上的四个数字之和是34，而且任何2×2的方块内的四个数字和也是34。

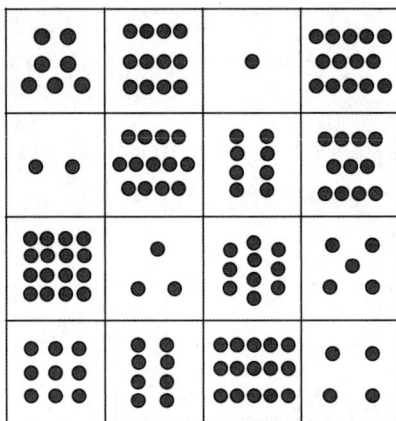

图 2 - 109

作业三（研究型——数学问题）：

（1）自行选取一组数构造一个三阶幻方，使得每一行、每一列和对角线上的三数之和都等于60。

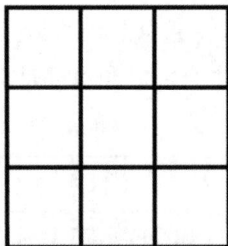

（2）请你自己选择九个适当的数字分别填入3×3的方格中，使得每行、每列、每条对角线上的三个数之和相等。

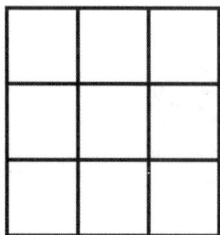

作业四（操作型——课外活动）：

感兴趣的同学可以查询更多与幻方有关的资料，来发现丰富多彩的幻方世界吧！

第十五节 几何画板的应用（一）——
利用几何画板绘制创意图案

几何画板绘制创意图案的原理和做法是什么呢？"几何画板"是一个优秀的数学专业工具软件（如图 2-110），以"动态几何"为特色，展示和探索数学的奥秘，提供丰富而方便的创造功能。

图 2-110

如图 2-111 所示，它主要以点、线、圆为基本元素，通过对这些基本元素的变换、构造、测算、计算、动画、跟踪轨迹等，构造出其他较为复杂的图形。它能够动态地展现出几何对象的位置关系、运行变化规律，是研究几何关系和几何变化规律的"利剑"！

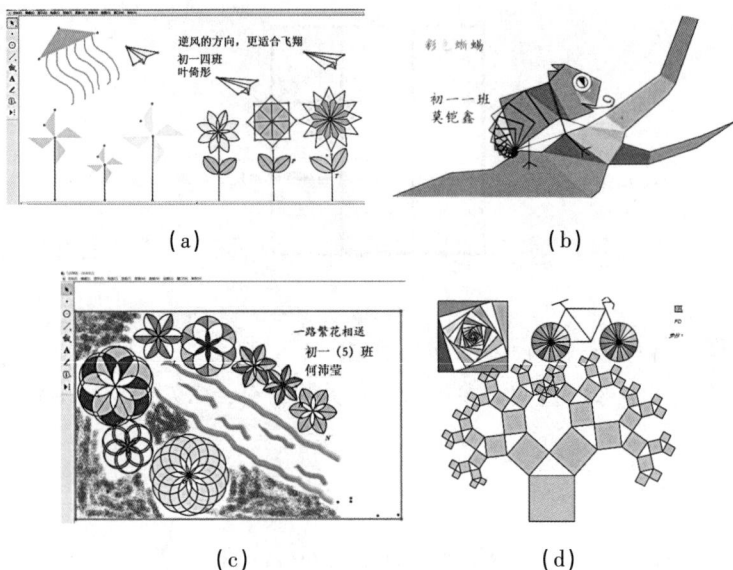

（a）　　　　　　　　　　　（b）

（c）　　　　　　　　　　　（d）

图 2 - 111

除此之外，利用几何画板软件的平移、旋转、轴对称、迭代等功能，还可以设计出精美的图案！通过本节课的学习，相信聪明的同学们也能设计出属于自己的创意几何图案。本单元就让我们学习并理解几何画板软件在美学、数学、计算机学等领域中的应用吧！

几何画板软件有哪些基本组成呢？有哪些基本操作呢？让我们一起来学习吧！

几何画板的基本操作

我们在计算机上打开几何画板软件，画板的左侧是画板工具箱，把光标移动到工具的上面，过一会儿就会显示工具的名称。

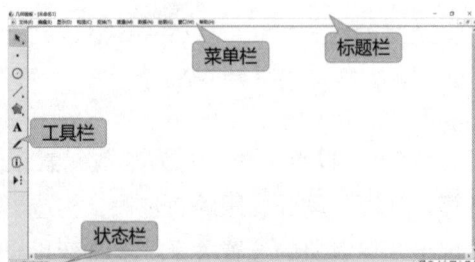

图 2 - 112

我们可以利用工具栏和菜单栏进行构造几何图形的操作，如图 2 - 112 所示。比如：

1. 点的构造

中点：对于选中的一条以上的线段，分别作出这些线段的中点。

交点：构造选中的两相交对象的交点。如两相交对象有多个交点，会同时取出。

2. 线的构造

垂线：过选中点作选中直线的垂直线。

平行线：过选中点构造选中直线的平行线。

角平分线：构造由三个选中点所决定角的角平分线。

3. 圆或弧的构造

以圆心和圆周上的点绘圆：选中两个点，以选中的第一点为圆心，过选中的第二点画圆。

以圆心和半径绘圆：选中一个点和一条线段，以选中的点为圆心、选中的线段为半径画圆。

圆上的弧：对选中圆及圆上的两点，按逆时针方向作出圆上从第一点到第二点的一段弧；也可以先选择圆心，再按逆时针方向选择圆上的点。

过三点的弧：选中三个点，构造从第一个点起，过第二个点，到第三个点的圆弧。

4. 构造内部

选择三个以上的点，以这些点作为多边形顶点，构造多边形内部。

选择一个圆（或选择多个圆），可以构造圆内。

选择一段弧（或同时选择多段弧），可以按选中的圆弧构造扇形内。

作业一（操作型——实验操作）：

（1）垂直平分线：又称"中垂线"，是指经过某一条线段的中点，并且垂直于这条线段的直线。请根据垂直平分线的定义用几何画板软件画出线段 AB（如图 2 - 113）的垂直平分线 l。

$$A \bullet\!\!-\!\!-\!\!-\!\!-\!\!-\!\!-\!\!-\!\!-\!\!-\!\!-\!\!-\!\!-\!\!-\!\!\bullet B$$
图 2 - 113

（2）扇形：一条圆弧和经过这条圆弧两端的两条半径所围成的图形叫扇

形。请根据扇形的定义用几何画板软件画出扇形 AOB（图 2 – 114），并填充上你喜欢的颜色。

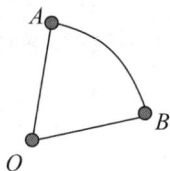

图 2 – 114

（3）圆内接多边形：指顶点都在同一圆周上的多边形。请根据圆内接多边形的定义用几何画板软件画出一个圆和它的内接三角形，如图 2 – 115。

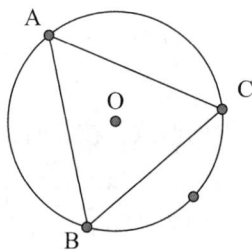

图 2 – 115

几何画板的图形变换功能

几何画板提供了平移、旋转、缩放、反射等图形变换功能，可以按指定值或动态值对图形进行相应变换，也可以使用定义向量、角度、距离、比值等来控制这些变换。

1. 平移

平移是指在同一平面内，将一个图形上的所有点都按照某个直线方向做相同距离的移动。平移有三种形式：直角坐标、极坐标、标记。操作方法：对选中的目标执行"变换"—"平移"菜单命令，弹出平移对话框进行操作即可，如图 2 – 116 所示。

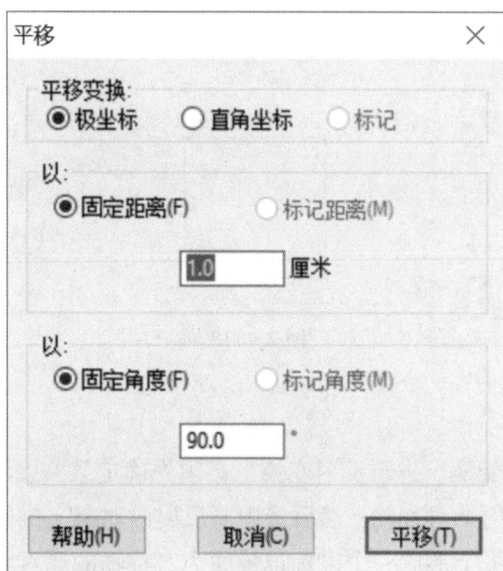

图 2 - 116

2．旋转

在平面内，把一个图形绕一个定点沿某个方向转动一定的角度，这样的图形运动称为旋转。

首先标记旋转中心，然后选中要旋转的对象，执行"变换"—"旋转"菜单命令，弹出旋转对话框，如图 2 - 117 所示。

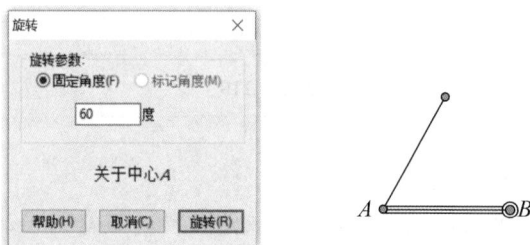

图 2 - 117

利用旋转功能可以绘制多边形，如利用旋转功能画正方形（图 2 - 118）：

（1）使用"线段工具"绘制出一条线段 AB。

（2）双击点 A，将点 A 设置为旋转中心。选中点 B，选择"变换"—"旋转"命令，令点旋转 90°，得到点 B'。

（3）同样的方法将点 A 旋转 $-90°$，得到正方形的角点 A'。

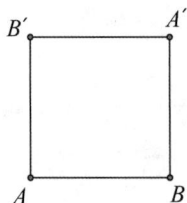

图 2 - 118

3. 轴对称

轴对称即反射变换。进行反射变换，必须先确定某一线段、射线或直线为标记镜面，作为反射的对称轴，然后选中要反射的对象，执行"变换"—"反射"菜单命令，画板上形成一个以标记镜面为对称轴的原对象的对称图形（如图 2 -119）。

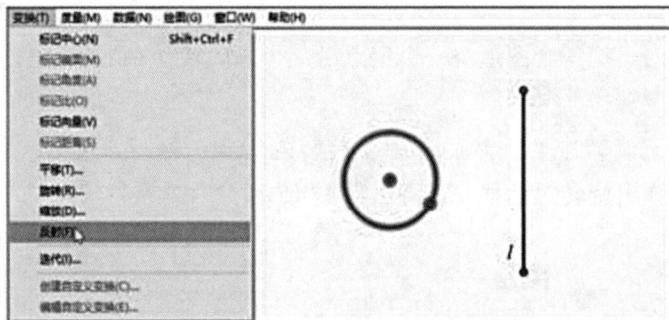

图 2 - 119

作业二（研究型——数学问题）：

利用图形的旋转可以设计出许多美丽的图案。如图 2 - 120（b）中的图案是由图 2 - 120（a）中的基本图形以点 O 为旋转中心，顺时针旋转 4 次而生成的，每一次旋转的角度均为 α，则 α 至少为（　　）

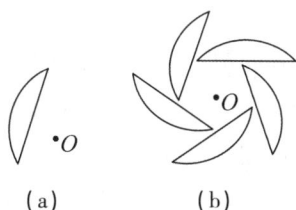

图 2 - 120

A. 36°   B. 72°   C. 90°   D. 108°

作业三（操作型——实验操作）：

（1）请你使用几何画板软件画出以下基本图形。

A. 正方形   B. 菱形   C. 等边三角形   D. 扇形   E. 弓形

（2）请你说出以下生活中的图案是由哪个数学基本图形通过怎样的变换得到的？再请你使用几何画板软件的变换功能绘制出以下图案（图 2 - 121），填充上你喜欢的颜色。

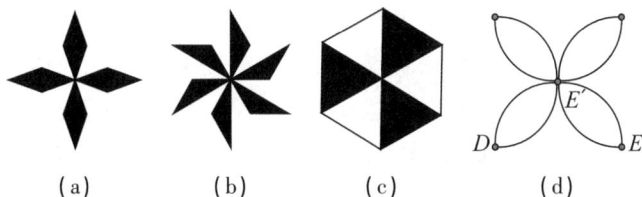

图 2 - 121

几何画板软件的迭代功能

"迭代"一词对一些人来说或许有些陌生，但在数学领域历史悠久。大约 3 500 年前，古巴比伦人就想出了一个聪明的办法来逐次近似给定正数 A 的平方根。以今日的标准说法，它就是用众所周知的牛顿迭代法解方程 $x^2 - A = 0$。当今，几乎在数学天地的所有园区，迭代都留下了活跃的身影，而求解方程各式各样的迭代法，则是计算数学家和工程学家们从不离手的利器。

为了形象地说明什么是迭代，我们可以拿出一个假设误差为零的理想计算器，输进一个数，比方说 0.5，然后按一下标有"x^2"的平方键，小屏幕上就能看到结果：0.25。如果再按一次平方键，看到的结果是 0.062 5；再按一次，就有 0.003 906 25。如此一次次地按下去，依次出现的是以"初始数"0.5 开头的一系列数：

0.5，0.25，0.062 5，0.003 906 25，0.000 015 258 789 062 5，…

如果把 x 平方函数看成是一只"黑箱"，那么输入 x 的值，这只黑箱就会输出 x^2 这个函数值。上面的计算器操作实际上就是选取一个初始值输进黑箱，然后再一次次地将黑箱"吐出"的函数值输入同一个黑箱，周而复始，直至无穷。这种"黑箱操作"的整个过程在数学上叫"函数迭代"，简称"迭代"。

利用几何画板的迭代功能，可以设计出美丽的图案，以图 2-122 为例：

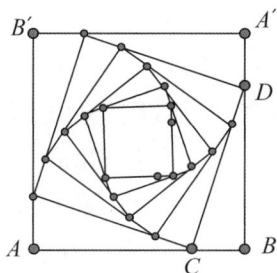

图 2-122

（1）构造正方形 $ABCD$。使用"线段工具"绘制出一条线段 AB。双击点 A，将点 A 设置为旋转中心。选中点 B，选择"变换"—"旋转"命令，令点 B 旋转 $90°$，得到点 B'。同样的方法将点 A 旋转 $-90°$，得到正方形的角点 A'。

（2）在线段 AB 上任取一点 C。依次点击点 A、B、C，选择"变换"—"标记比"命令，将线段 AC 与线段 AB 的比作为标记比。双击点 B，以点 B 为中心。选中点 A'，选择"变换"—"缩放"命令，按照标记比缩放，将得到的点的标签更改为"D"。

（3）选中点 A、B，选择"变换"—"迭代"命令，在弹出的对话框中进行如下设置：A 迭代到 C，B 迭代到 D，点击"迭代"即可。

作业四（研究型——数学问题）：

用"几何画板"中的深度迭代构造"奇妙的勾股树"动态变化，颜色也进行不断改变，在展示数学规律的同时给人一种赏心悦目的感觉。勾股树实际上是通过构造一个直角三角形，并以斜边为边长构造一个正方形（填充颜色），再依次以直角边为边长构造正方形（填充颜色），用参数 t 控制构造的次数，例如：当 $t=1$ 时，如图 2-123 所示，正方形个数为 3；当 $t=2$ 时，正方形个数为 7；当 $t=5$ 时，正方形个数为_____，当 $t=n$ 时，正方形个数为

_____。请你用几何画板软件迭代出 $t=5$ 时的勾股树。

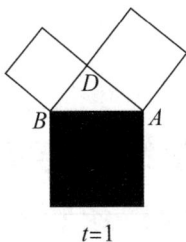

$t=1$

图 2 - 123

作业五（研究型——数学建模）：

通过上面的数学阅读和理解，现在你可以尝试利用几何画板软件的平移、旋转、轴对称、迭代等功能设计出精美的图案！作品要求：用平移、旋转、轴对称等变换设计一份有几何元素的作品，以截图的方式保存并打印粘贴在下面方框内；要求高清原图，图上要有几何画板的边框；用一句简洁诙谐、有诗意、有内涵的话概括你的作品。

第三章 初中数学综合与实践作业设计研究 案例：逻辑数学

第一节 认识逻辑数学

逻辑源于希腊语，最初是词语、思想、概念、论点、推理的意思。中文"逻辑"一词是西方词汇的音译，也就是英语中的"logic"，最早是由古希腊学者亚里士多德提出的。逻辑学是探索、阐述和确立有效推理原则的学科。逻辑学的分支有"形式逻辑""数理逻辑""辩证逻辑"。

逻辑推理是从一个真的前提"必然地"推出一些结论的科学。常用的方法有类比法、归纳法、演绎法。这些推理方法被广泛运用于生产、生活、文化等领域。本节就让我们一起来学习逻辑在数学推理中的应用吧！

相信同学们对逻辑推理已经有一些了解，那你们知道在数学中常用哪些方法进行逻辑推理吗？

类比法

类比法是根据两个（或两类）对象在某些属性上相同或相似，从而判断它们在另一属性上也相同或相似的推理。类比法的一般逻辑形式为：

A 对象有属性 a、b、c、d；

B 对象有属性 a、b、c；

所以 B 对象也有属性 d。

归纳法

归纳法就是从部分导向整体、从特定事例导向一般事例的过程。它以经验和实证作为基础，并在此基础上得出结论。归纳推理的一般步骤：一是通过观察个别情况发现某些相同性质；二是从已知的相同性质中推出一个明确表达的一般性命题（猜想）。

演绎法

演绎法是从普遍性结论或一般性事理推导个别性结论的论证方法。演绎法的主要形式是三段论，即大前提、小前提和结论。

演绎法是由一般到特殊的推理。"三段论"是演绎法的一般模式：大前提是已知的一般原理，小前提是所研究的特殊对象，结论是根据一般原理对特殊对象作出的判断。

"如果 $\angle A$ 与 $\angle B$ 是两条平行直线的同旁内角，那么 $\angle A + \angle B = 180°$" 写成演绎法的"三段论"如下：

大前提：两条直线平行，同旁内角互补；

小前提：$\angle A$ 与 $\angle B$ 是两条平行直线的同旁内角；

结论：$\angle A + \angle B = 180°$。

作业一（研究型——数学问题）：

（1）判断下列语句属于哪一类逻辑推理：

①玉米含有糖、酸、淀粉，可以酿酒，而酸刺子含有糖、酸、淀粉，所以酸刺子也能酿酒。

②成语"一叶知秋"意思是：从一片树叶的凋落，就知道秋天将要来到。

③自然数是整数，因为 3 是自然数，所以 3 是整数。

（2）观察下面的等式和图，你可以发现什么结论？

$1 + 3 = 4 = 2^2$

$1 + 3 + 5 = 9 = 3^3$

$1 + 3 + 5 + 7 = 16 = 4^2$

$1 + 3 + 5 + 7 + 9 = 25 = 5^2$

$\vdots$

结论：_____。

（3）按演绎推理的一般模式填空：

①所有金属都能导电，因为铜是金属，所以＿＿＿＿＿＿＿＿＿。

②所有奇数都不能被 2 整除，因为 2017 是奇数，所以＿＿＿＿＿＿＿＿

＿＿＿＿＿＿＿＿＿＿。

③函数 $y = 2x + 5$ 的图像是一条直线，用三段论表示为：

大前提：＿＿＿＿＿＿＿＿＿＿

小前提：＿＿＿＿＿＿＿＿＿＿

结论：＿＿＿＿＿＿＿＿＿＿

逻辑推理与生活

在生活中，人们常常运用逻辑推理进行概括总结，从而得出具有概括性的结论。例如：张三喜欢读书，他的成绩好；李四喜欢读书，他的成绩也好；小明爱学习，他的成绩很好；小娟爱看书，自觉做作业，她的成绩也很好……所以我们就总结出，凡是爱学习的人，就会取得好成绩。又如，小草的生长需要水分，蔬菜的生长需要水分，小树没有水就会干死，所以我们得出结论：植物的生长都需要水分。同学们，请你们想一想这种推理属于哪一种推理方法？

分析：类比法。

又如，毛泽东在《为人民服务》一文中有一段著名的论述："人总是要死的，但死的意义有不同。中国古时候有个叫作司马迁的文学家说过：'人固有一死，或重于泰山，或轻于鸿毛。'为人民利益而死，就比泰山还重；替法西斯卖力，替剥削人民和压迫人民的人去死，就比鸿毛还轻。张思德同志是为人民利益而死的，他的死是比泰山还要重的。"这段话又运用了哪种推理方法？

分析：这段话包含了一个完整的演绎论证。"为人民利益而死，就比泰山还重"是论据，是"大前提"；"张思德同志是为人民利益而死的"是已知的判断，是"小前提"；而"他的死是比泰山还要重的"则是结论，也是论点。

逻辑推理与历史

数学中有一条定理：三角形两边之和大于第三边。这个数学原理被一位社会科学家成功地运用到社会科学领域。他认为，历史上如果三个割据势力并存，就形成三足鼎立，这是一种比较稳定的结构。如果强者侵犯了弱者，被侵犯的弱者就会与另一个弱者联合起来。结盟之后，两边之和大于第三边，稳定的三足鼎立结构就不会被破坏。只有当强者的力量超过了两个弱者之和，三足鼎立的局面才会结束。这个类比的前提是：三角形有三条边，两边之和大于第三边，具有稳定性，其中一条边延长至大于（或等于）另两条边之和，三角形就不复存在；三国时期有三个国家，其中两国联合的力量大于第三国。结论：三国之间形成三足鼎立局面，其中一国的力量大于（或等于）另两国联合的力量，三足鼎立的局面就不复存在。

逻辑推理与科学

传说春秋时代鲁国的公输班（后人称鲁班，被认为是木匠业的祖师）一次去林中砍树时被一株齿形的茅草割破了手，这桩倒霉事却使他发明了锯子。鲁班类比茅草的齿形边缘（前提条件）能割破手指（结论），迁移应用到有锯齿的工具能割断木头。又如，类比鱼类的形状、浮沉原理可以迁移应用到潜艇，类比蜻蜓的外形、飞行原理可以迁移应用到直升机等。

逻辑推理与生物遗传

三代以内有共同祖先的近亲结婚，会使遗传病的发病率和死亡率增高。这是因为近亲结婚的夫妇往往具有较多共同基因，其中包括隐性遗传病基因。近亲结婚时，会增加某些常染色体隐性遗传疾病的发生概率。子女发病率往往比非近亲婚配者高。"近亲结婚会增加子女遗传性疾病的发生概率"这一结论的得出就是通过逻辑论证来实现的。

作业二（操作型——数学写作）：

请你整理出至少3个逻辑推理在生产生活、历史、生物、科学等不同领域的应用小案例，并总结一下你对逻辑推理的认识，进而写出一份关于逻辑推理的阅读逻辑小报告，并把作品贴在下面的方框中吧！

第二节　图形推理

你知道什么是图形推理吗？你知道为什么行政职业能力测试中喜欢考图形推理吗？图形推理有什么解题技巧？

图形推理是一种推理方式，它考查的是学生的观察、抽象和推理能力，蕴含着丰富的逻辑学和脑科学知识。

脑力是对大脑功能的衡量，包括智力和反应两个维度。图形推理是智力测验的主要方式之一，最初由英国心理学家瑞文根据信息加工模型于1938年设计。图形推理就是考查考生在面对复杂事务或问题时，迅速作出正确决断并执行的能力，极其考验考生的逻辑思维。而逻辑学是研究思维结构形式和思维变化规律的一门学科。因此，逻辑学是有效掌握图形推理奥秘的重要学科，是拓展思维、学习逻辑形式、提高推理能力的重要途径。

同学们对图形推理了解多少呢？本节就让我们开发大脑，认识图形推理，揭秘图形推理的解题技巧吧！

图形推理知多少

图形推理是一种推理方式，即根据所给的图形，进行合理的分析、推理，找出规律，然后根据规律判断出下一个图形的样式的推理过程。

图形推理题不依赖于具体的事物，受答题者固有知识和文化的影响较小。出题的目的：借用一系列复杂变换的图形，来喻指公务员工作岗位上错综复杂的公共管理事务，通过考生对图形规律的分析、判断，测查考生从事公务员工作的行政职业能力，即抽象思维能力、视觉判断能力、分析推理能力、空间想象能力、处理复杂问题能力。

我们把图形推理简单分为三类：数量类、样式类、位置类。

1. 数量类图形推理题

数量类图形推理题是指图形的构成元素在数量方面形成的规律题，包括某种元素（交点、直线、封闭区域等）数量相等或数量规则变化，如图3-1所示。

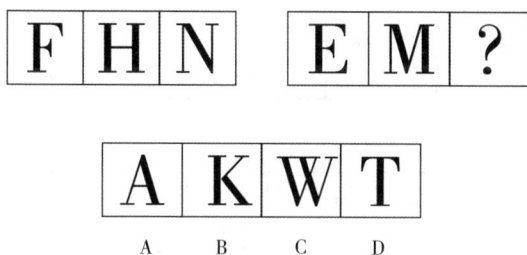

图 3 - 1

分析：本题从组成图形的线段的条数考虑，第一个表格中 F、H、N 均由三条线段组成，而第二个表格中 E、M 均由四条线段组成，故选 C。

2. **样式类图形推理题**

样式类图形推理题是指图形特征方面形成的规律题，包括遍历、运算、属性等题型。遍历是指每行（或每列）中含有完全相同的若干样式，在每行（或每列）中对相同的样式进行不同的排列组合，保证每一种样式在每行（或每列）都要出现一次。运算是指一组或一行的图形各个元素之间，存在某种运算关系，包括叠加、相减、求同、去同等。属性是指图形的一种样式特征，包括对称性、曲直性、封闭性等，考虑若干图形具有相同的特征或某种特征规则变化，如图 3 - 2 所示：

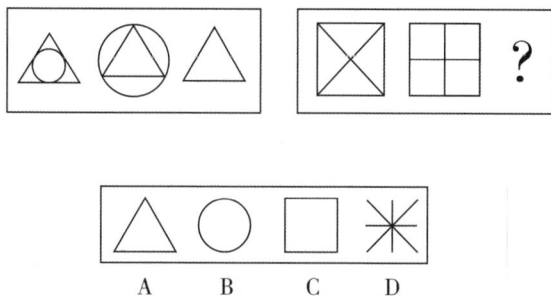

图 3 - 2

分析：仔细观察第一套图形，其中第三个图形是前两个图形中共同包含的正三角形；第二套图形中，前两个图形中相同的部分是一个正方形，故选 C。

3. **位置类图形推理题**

位置类图形推理题是指图形位置方面形成的规律题，包括小图平移、小图或整图旋转、整图翻转等情况，如图 3 - 3 所示：

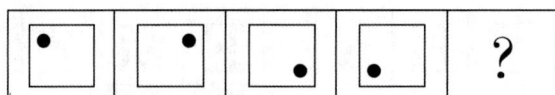

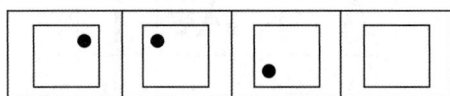

图 3 - 3

分析：本题实心小圆在正方形中依次按顺时针方向在四个角的位置旋转，故选 B。

作业一（研究型——数学问题）：

（1）在"?"处填入哪个图形能呈现一定的规律？（　　）

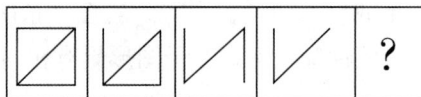

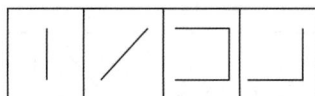

（2）在"?"处填入哪个图形能呈现一定的规律？（　　）

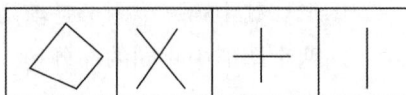

（3）在"?"处填入哪个图形能呈现一定的规律？（　　　）

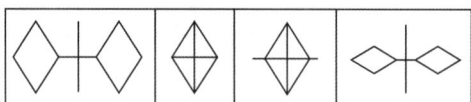

A　　　B　　　C　　　D

（4）在"?"处填入哪个图形能呈现一定的规律？（　　　）

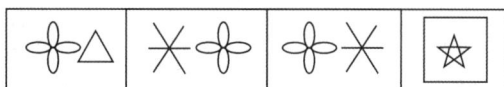

A　　　B　　　C　　　D

（5）在"?"处填入哪个图形能呈现一定的规律？（　　　）

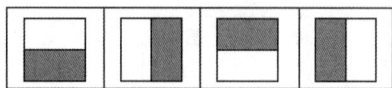

A　　　B　　　C　　　D

（6）在"？"处填入哪个图形能呈现一定的规律？（　　）

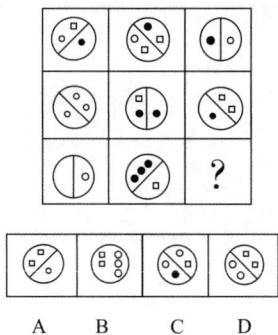

A　　B　　C　　D

（7）在"？"处填入哪个图形能呈现一定的规律？（　　）

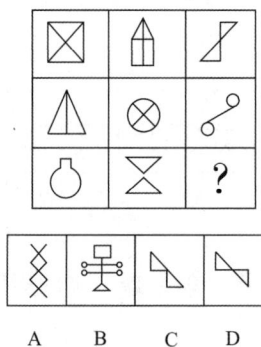

A　　B　　C　　D

（8）在"？"处填入哪个图形能呈现一定的规律？（　　）

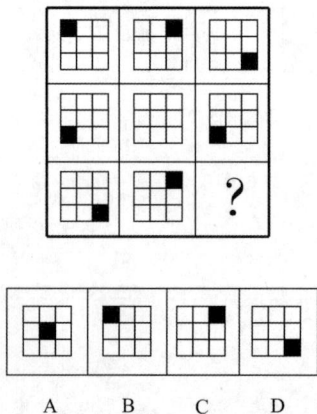

A　　B　　C　　D

图形推理的解题技巧解密

图形推理题看似千变万化，无从下手，但掌握解题技巧即可一眼看破。做图形推理题，首先要仔细观察（横向看、纵向看、旋转看、对称看、平移看、综合看），接着尝试找出规律，确定答案。

图形推理解题技巧解密：元素相同看位置——平移、旋转或翻折；元素相似看样式——遍历、运算待确定；元素杂乱看属性——对称、曲直或封闭；属性不行看数量——点线面素重点看。比如：

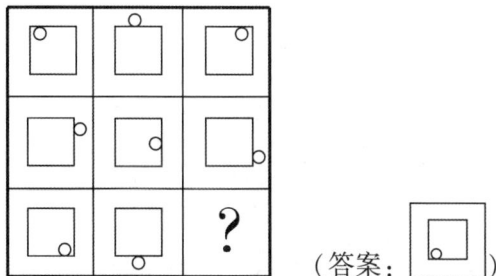

（答案：）

分析：本题出现的元素都是长方形和小圆，考虑位置变化。第一行的小圆分别在左、中、右，里、外、里；第二行的小圆则分别在上、中、下，外、里、外；再观察第三行可得到小圆的位置是右、中、左，里、外、里，从而得到答案图。

又比如：

（答案：）

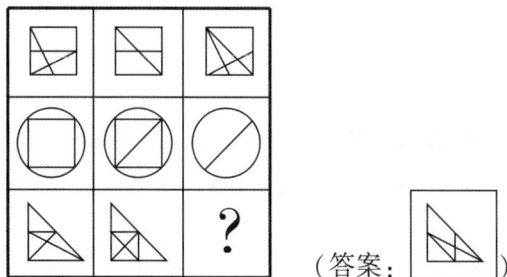

分析：本题中每一行的元素相似，考虑遍历或运算，而每一行元素各不相同，排除遍历。每一行的图形都保持外框不变，因此最后一个图形应该是一个直角三角形。而每一行的第三个图形的内部是前两个图形叠加后去掉重叠线段所得，这种叠加方法称为"去重叠加"，经"去重叠加"后即可得到答案图。

作业二（操作型——制作模型）：

（1）请在最后一个空格处画一个图形，使之呈现一定的规律性。

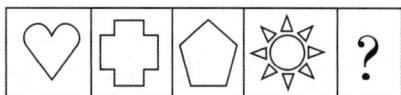

（答案：_____）

（2）请在最后一个空格处画一个图形，使之呈现一定的规律性。

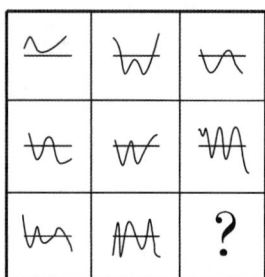

（答案：_____）

（3）请在最后一个空格处画一个图形，使之呈现一定的规律性。

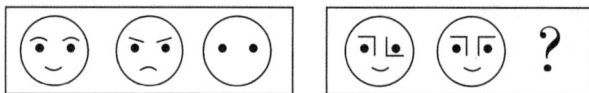

（答案：_____）

作业三（研究型——数学建模）：

通过上面的数学阅读和理解，相信你已经能利用图形推理的相关知识设计一套独一无二的推理测验题了！请你大胆创作，把题目和答案解析写在下面方框中吧！

【同学们可以先确定好题目数量（建议5道题左右），再确定图形推理的类别，最后根据图形推理解题技巧逆推进行出题。出题时要注意题目难度的设计，有梯度的设计会让你的推理测验题更加分哦！】

第三节　平面图形的镶嵌

你知道哪些多边形能无缝隙、无重叠地镶嵌成平面图形吗？你知道什么是"完美五边形"吗？你知道埃舍尔镶嵌图形的设计原理吗？

像用地砖铺地一样，用形状、大小完全相同的一种或几种平面图形进行拼接，彼此之间不留空隙、不重叠地铺成一片，就是平面图形的镶嵌。平面镶嵌在生活中蕴藏着丰富的美学价值，还被广泛地应用在科学、理学、图形学等领域。

生活中的地砖、墙面、服装面料等的图案设计与平面镶嵌有着密切的联系。镶嵌几何原理被广泛应用在建筑表皮的设计中，而镶嵌式折叠是建筑工程实践及建筑设计研究中使用最多的研究方法。蜜蜂有着高超的建筑艺术，所筑蜂房容积最大，所用材料最少。在地图制作中，平面镶嵌可以将地图区域划分成多个边界完全密闭的区域，方便进行数据分析、地理查询等工作。在电路布局中，平面镶嵌可以用于解决电路板的布线问题，确保线路的可靠性和高速性。在图形学中，平面镶嵌可以用于生成贴图，如将纹理贴图应用到三维模型的表面上，以增加真实感和细节。

同学们对平面镶嵌了解多少呢？本节我们将欣赏生活中的平面镶嵌图形，探索并理解平面镶嵌的条件，再化身小小设计师，设计一个自己喜欢的图形，构造美丽的镶嵌图案。

生活中，我们所见到的地面、墙面、服装面料等，常常是由一种或几种形状相同的图形拼接而成的，如图 3 - 4 所示。

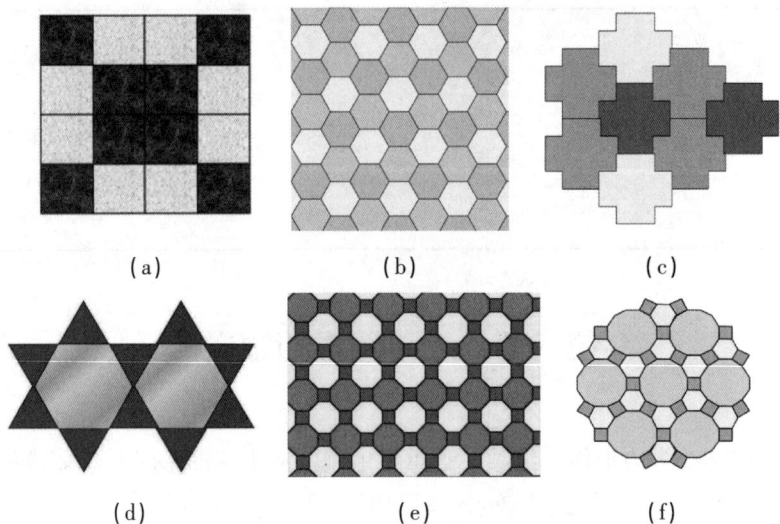

(a)　　　　　　　　(b)　　　　　　　　(c)

(d)　　　　　　　　(e)　　　　　　　　(f)

图 3 - 4

用形状、大小完全相同的一种或几种平面图形进行拼接，彼此之间不留空隙，不重叠地铺成一片，这就是平面图形的镶嵌，又称平面图形的密铺。

图片来源：马复. 义务教育教科书：数学（八年级下册）［M］. 北京：北京师范大学出版社，2013：163 - 165.

作业一（研究型——数学问题）：

（1）请拿出若干边长相等的正多边形纸片（正三角形、正方形、正五边形、正六边形、正八边形），拼一拼，摆一摆，哪些正多边形可以进行平面镶嵌？请完成相应的实验报告。

使用同一种正多边形纸片，哪些正多边形能进行平面镶嵌？

正多边形的边数	3	4	5	6	8
每个内角的度数					
能否进行平面镶嵌					

思考：用同一种正多边形进行平面镶嵌的条件是什么？

答：正多边形的内角能_____。

使用两种正多边形纸片，哪些正多边形的组合能进行平面镶嵌？

正多边形的边数							
每个内角的度数							
能否进行平面镶嵌							

思考：用两种正多边形进行平面镶嵌的条件是什么？

答：是两个正多边形的内角能组合成＿＿＿＿＿＿。

（2）你能根据前面的发现尝试找出三种正多边形组合进行平面镶嵌吗？请举出一个例子。

（3）用同一种任意三角形、任意四边形可以进行平面镶嵌吗？请说明理由。（可以动手制作若干形状、大小相同的纸片进行实验，画出实验图进行说明。）

德国数学家卡尔·莱因哈特于 1918 年发现了 5 种可以镶嵌平面的五边形。从那时起，寻找可以镶嵌平面的五边形并将它们分类就成为一个世纪数学难题。

很多人都认为卡尔·莱因哈特已经把所有可以镶嵌平面的五边形都找出来了，但事实并非如此：1968 年，理查德·克什纳又发现了 3 种；1975 年，理查德·詹姆斯将纪录刷新到了 9 种；同年，美国加州圣地亚哥一位 50 多岁的家庭主妇马乔里·赖斯，从《科学美国人》杂志中获知了理查德·詹姆斯的发现，作为一名业余数学家的她发明了属于自己的数学符号和方法，并在接下来的几年内发现了另外 4 种可以镶嵌的五边形。

1985 年，罗尔夫·施泰因发现了第 14 种。这样的五边形似乎还会越来越多。不过，在那之后五边形追踪行动似乎陷入了低谷。

2015 年 8 月 19 日，美国华盛顿大学研究团队发现了一种新的不规则五边形，如图 3 – 5 所示，它的五个内角分别为 60°、90°、105°、135° 和 150°。这样的五边形相互组合后可完全铺满平面，不会出现重叠或有任何空隙，是全球第 15 种能做到此效果的五边形（所有 15 种五边形如图 3 – 6 所示）。而距上次发现类似效果的五边形已时隔 30 年，这项发现相当于在数学领域中寻获了新原子粒子。

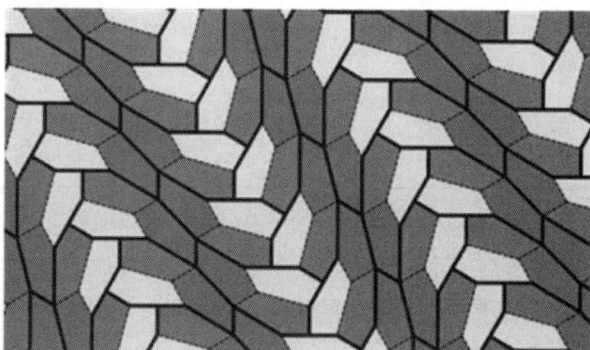

图 3 – 5

图 3 – 6

图片来源：小林. 完美五边形 [J]. 智力（提高版）2015（10）：30，44.

埃舍尔平面镶嵌

1936 年，荷兰艺术家埃舍尔来到西班牙格拉纳达的阿尔罕布拉宫。这座 14 世纪的伊斯兰建筑运用在墙壁和地板上的平面镶嵌图案让他对密铺平面产生了兴趣，并且尝试应用在作品中。

这些图片蕴含着平面镶嵌的元素，但基本图形不再是多边形，而是各种各样的图案。这就是埃舍尔平面镶嵌图形，一种基于数学原理的图形绘画方式。

图 3 - 7（a）是一幅由飞鸟图形组成的平面镶嵌。引导学生观察这幅飞鸟图中的基本图形，即图 3 - 7（b），方向相同，大小相等，对应点连线平行且相等，显然是由基本图形经过平移而组成的。那基本图形是怎么设计出来的呢？

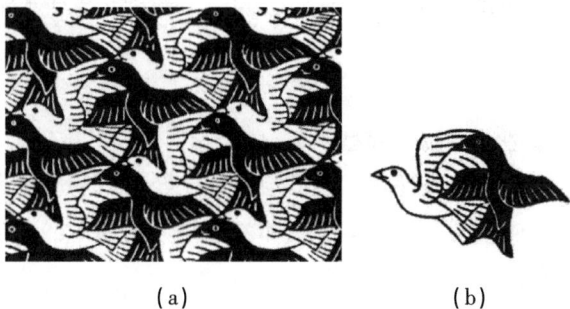

（a）   （b）

图 3 - 7

如图 3 - 8（a）所示，用若干组等距的平行线划分图形，让基本图形尽可能在规则图形内部。经过多次尝试，我们会发现基本图形的"前身"是菱形，将基本图形位于菱形外部的凸出部分剪下来，正好可以补全对边缺少的凹陷部分，如图 3 - 8（b）所示。

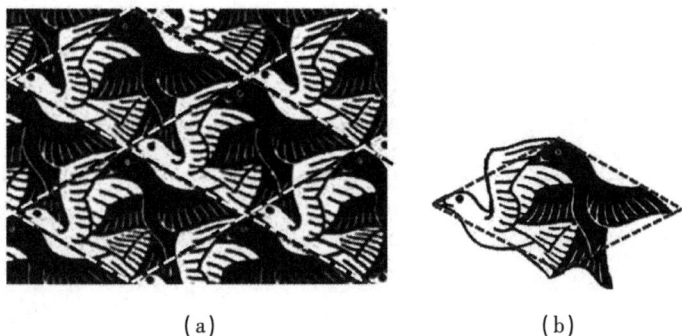

（a）   （b）

图 3 - 8

因此，经过平移完成的埃舍尔平面镶嵌的基本图形的设计方法：先在矩形、正方形、平行四边形等图形的任意边上剪下来一部分，平移粘贴至对边相同的位置，多次重复此操作，再将设计出的图形添加适当的花纹装饰即可，如图 3-9 所示。

图 3-9

图片来源：高丽威，胡延明，韩丹. 转换教育视角，STEAM 优化教学：以"平面镶嵌"为例浅谈数学课程开发 [J]. 数学学习与研究，2022（18）：39-41.

作业二（操作型——制作模型）：

通过上面的材料阅读和理解，相信现在你已经可以利用埃舍尔平面镶嵌的设计原理绘制一个独一无二的图案了！那就请你大胆创作，并把作品画在或贴在下面的方框中吧！

【同学们可以先选择一个可以进行平面镶嵌的多边形，再在任意边上剪下来一部分，平移粘贴至对边相同的位置，多次重复此操作，最后添加适当的花纹装饰得到基本图形。】

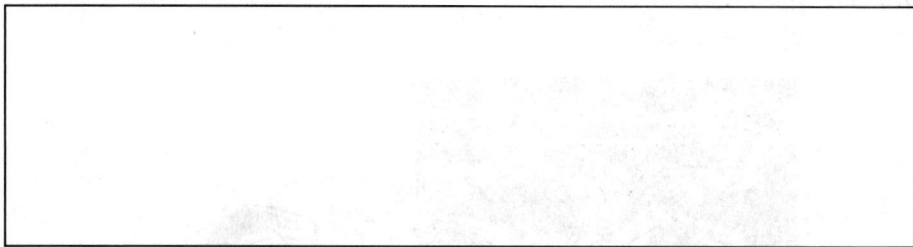

第四节　逻辑计算推理——数列求和

你知道 $1+2+3+\cdots+n$ 如何计算吗？国际象棋盘有 64 格，如果第一格放 1 粒麦子，第 2 格放 2 粒麦子，第三格放 4 粒麦子，每格放的麦子数是前一格的 2 倍，你知道放满整个棋盘需要多少粒麦子吗？银行利息计算中的单利和复利又是怎么一回事？这些都与数学知识中的数列密切相关。

数学研究自古以来就是人类社会生活中至关重要的一部分，而数列则是数学研究中的一个重要分支。数列知识有着广泛的应用，如生物种群数量变化、银行中的利息计算、人口增长、粮食增长、住房建设等问题，都会用到数列知识。

银行中利息的计算与数列密切相关。购买商品时分期付款已成了现代人日常生活中的常见付费方式，里边蕴含了数列的知识。著名经济学家马尔萨斯在《人口原理》中说：生活资料按算术数列增加，而人口是按几何数列增长，因此生活资料的增加赶不上人口的增长。他断言：人口按几何数列 1、2、4、8、16、32……增长，而生活资料只能按算术数列 1、2、3、4、5、6……增加，这些也与数列有关。自然界中有很多现象，暗含着数列规律：比如植物叶序（可以利用每周期全部叶子数量及叶子绕圈圈数求得叶序的规律）、花瓣的数量、植物生长形态方面等，都和一个有趣的数列有关；种群的数量变化以及生物中细胞分裂也与数列有关。

本节我们将进入数列的学习，了解两种常见的数列以及它的求和计算。让我们一起来阅读和学习，领略数学计算推理的奥妙吧！

等差数列——高斯求和的故事

同学们知道吗？德国有一个数学神童，他十岁时，小学教师出了一道算术题：$1+2+3+\cdots+100=$？这下可难住了初学算术的孩子们，可是这个神童几秒后就将答案解出来了。他把数字一对对地凑在一起：$1+100$，$2+99$，$3+98$，…，$49+52$，$50+51$，而这样的组合有 50 对，所以很快就可以得出答案：$101\times50=5\,050$。这个神童就是有"数学王子"之称的大数学家高斯。

有很多题目都与高斯这道求和题类似，现在就让我们来共同探索一下其中的规律吧！

如果我们把高斯解的这道题一般化，即求"$1+2+3+\cdots+n$"的和。

解法 1：把这组和的首尾的数字对应相加，当 n 为偶数时，就可以得到 $\dfrac{n}{2}$

个 $(n+1)$，所以 $1+2+3+\cdots+n=\dfrac{n(n+1)}{2}$；

当 n 为奇数时，则 $n-1$ 为偶数，前 $n-1$ 个数的和为 $\dfrac{n-1}{2}$ 个 $(n-1+1)$，

所以，$1+2+3+\cdots+n=\dfrac{(n-1)\,n}{2}+n=\dfrac{n(n+1)}{2}$。

解法 2：假设 $S=1+2+3+\cdots+n$ 　　　　　　　　　　　①

再倒过来写一遍 $S=n+n-1+\cdots+2+1$ 　　　　　　　②

①＋②：$2S=(n+1)\ +(n+1)\ +\cdots+(n+1)\ =n(n+1)$，

两边同时除以 2，得 $S=\dfrac{n\ (n+1)}{2}$，即 $1+2+3+\cdots+n=\dfrac{n\ (n+1)}{2}$。

以上问题是从 1 开始的连续自然数求和。相邻两个自然数的差都是相等的（差都等于 1），我们把从第二项起每一项与它的前一项的差等于同一个常数的数列叫作等差数列。我们把这个常数叫作公差。

麦粒的总数

在古代印度有一个古老的传说。舍罕王打算奖赏国际象棋的发明人——宰相西萨·班·达依尔，问他想要什么，他对国王说："陛下，请您在这张棋盘（图 3-10）的第一格里赏给我 1 粒麦子，在第二格里赏给我 2 粒，在第三格里赏给我 4 粒，以后每一小格都比前一小格加一倍。请您把这样摆满棋盘上所有 64 格的麦粒都赏给我吧！"国王觉得这要求太容易满足了，就命令赏给他这些麦粒。当人们把一袋一袋的麦子搬来开始计数时，国王才发现：就是把全印度甚至全世界的麦粒全拿来，也满足不了宰相的要求。那么，宰相要求得到的麦粒到底有多少呢？

图 3-10

因为每一格都是前一格的 2 倍，所以第一格是 1，第二格是 2^1，第三格就是 2^2……第 n 格的麦粒就是 2^{n-1}。棋盘有 64 格，从第一格开始分别是：1，2^1，2^2，…，2^{63}。

那这些数字的和又是多少呢？第一格加第二格是 2^2-1，前三格的总数是 2^3-1……前 n 格的麦粒总数就是 2^n-1。

国际象棋棋盘总共 64 格，所以需要的麦粒总数就是：
$$2^{64}-1=18\ 446\ 744\ 073\ 709\ 551\ 615（粒）$$

如果把这些麦粒铺在地球上，可以铺满整个地球表面。地球表面的每平方厘米大约会放上 3.6 粒麦子。

你知道文中前 n 格的麦粒总数 2^n-1 是如何推导出来的吗？

事实上以上故事中的数列，从第二项开始，后一项与前一项的比都等于 2，我们把从第二项起每一项与它的前一项的比值等于同一个常数的数叫作等比数列。我们把这个常数叫作公比。要求麦粒总数就是求等比数列 1，2，2^2，2^3，…，2^{n-1} 的和。

解法 1：前两格麦粒总数：$1+2^1=3=2^2-1$；

前三格麦粒总数：$1+2^1+2^2=7=2^3-1$；

前四格麦粒总数：$1+2^1+2^2+2^3=15=2^4-1$；

前五格麦粒总数：$1+2^1+2^2+2^3+2^4=31=2^5-1$；

　　⋮

前 n 格麦粒总数：$1+2^1+2^2+2^3+2^4+\cdots+2^{n-1}=2^n-1$。

解法 2：我们不妨设 $S=1+2+2^2+\cdots+2^{n-1}$　　　　　　　　①

两边同时乘 2 得：$2S=2+2^2+2^3+\cdots+2^n$　　　　　　　　②

②−①得：$S=(2+2^2+2^3+\cdots+2^n)-(1+2+2^2+2^3+\cdots+2^{n-1})$

发现②式的前 $n-1$ 项刚好可以跟①式的后 $n-1$ 项抵消，于是：

$S=2+2^2+2^3+\cdots+2^n-1-2-2^2-2^3-\cdots-2^{n-1}=2^{n-1}$。

作业一（研究型——数学问题）：

1. 计算：（1）$2+4+6+8+\cdots+2n$；

　　　　（2）$1+3+5+7+\cdots+2n-1$。

2. 计算：（1）$1+3+3^2+\cdots+3^n$；

　　　　（2）$\dfrac{1}{2}+\dfrac{1}{2^2}+\dfrac{1}{2^3}+\dfrac{1}{2^4}+\cdots+\dfrac{1}{2^n}$。

有关等差等比数列的知识

等差数列，指的是如果一个数列从第二项起，每一项与它的前一项的差等于同一个常数，这个数列就叫作等差数列。这个常数叫作等差数列的公差，公差常用字母 d 表示。

已知数列 a_1，a_2，a_3，$\cdots$，a_{n-1}，a_n（n 为正整数）是等差数列，

则通项公式为：$a_n = a_1 + (n-1)\ d$；

前 n 项和公式：$S_n = na_1 + \dfrac{n(n-1)\ d}{2}$ 或 $S_n = \dfrac{(a_1 + a_2)\ n}{2}$（按照高斯算法）。

等比数列，如果一个数列从第二项起，每一项与它的前一项的比等于同一个常数，这个数列就叫作等比数列。这个常数叫作等比数列的公比，公比通常用字母 q 表示（$q \neq 0$）。

已知数列 a_1，a_2，a_3，$\cdots$，a_{n-1}，a_n（n 为正整数）是等比数列，

则通项公式为：$a_n = a_1 q^{n-1}$（$a_1 \neq 0$，$q \neq 0$），

前 n 项和公式：$S_n = \dfrac{a_1(1 - q^n)}{1 - q}$ 或 $S_n = \dfrac{a_1 - a_n q}{1 - q}$（$q \neq 1$）。

数列与理财

1. 等差数列在零存整取（整存零取）中的应用

什么是零存整取？在银行存款理财中，有一种零存整取的储蓄项目。每月某日间隔一定时间存入一笔相同的金额，这是零存；到一定时间段后，可以取出全部本金及利息，这是整取。

举例：我们若从年初开始，每 3 个月初存入 1 000 元，3 个月零存整取利率为 $a‰$，到 12 月底的本息和是多少？

分析：若每 3 个月初存入 1 000 元，12 个月一共存入 4 期，合计本金 4 000 元。我们分别计算每期到 12 月底的本息和：

第一次存 1 000 元，到 12 月底的本息和：

$A_1 = $ 本金 + 利息 $= 1\ 000 + 1\ 000 \times 4 \times a‰$；

第二次存 1 000 元，到 12 月底的本息和：

$A_2 = $ 本金 + 利息 $= 1\ 000 + 1\ 000 \times 3 \times a‰$；

第三次存 1 000 元，到 12 月底的本息和：

$A_3 = $ 本金 + 利息 $= 1\ 000 + 1\ 000 \times 2 \times a‰$；

第四次存 1 000 元，到 12 月底的本息和：

$A_4 =$ 本金 + 利息 $= 1\,000 + 1\,000 \times 1 \times a‰$；

通过观察不难发现 A_1、A_2、A_3、A_4 构成一个等差数列，公差是 $1\,000a‰$，计算到 12 月本息和，就是数列 A_1、A_2、A_3、A_4 的四项和，其本息和是：

$A = 1\,000 \times 4 + 1\,000 \times (4 + 3 + 2 + 1)\ \times a‰ = 4\,000 + 1\,000 \times 10 \times a‰$。

我们按照等差数列求和公式，求得本息和：

$A = 1\,000 \times 4 + 1\,000 \times \dfrac{4 \times (4-1)}{2} \times a‰ = 4\,000 + 1\,000 \times 10 \times a‰$。

我们可以比较一下，发现两次计算结果完全相同。依据以上分析计算，我们得出零存整取或整存零取（单利计息）的存款储蓄品种，它的本息计算可以按照等差数列求和公式。构建起零存整取（整存零取）的本息和的数学计算模型是：

本息和 = 每期存入金额 $\times$ [存期数 $+ \dfrac{存期数 \times (存期数 + 1)}{2} \times 利率$]

2. 等比数列在银行存款中定期转存的应用

什么是定期转存？在银行存款理财中，有一种储蓄项目，它是从某日存入一定金额的固定存期储蓄，并约定每次到期存款均自动转为下一个存期的定期存款。这就是定期转存。

举例：我们若从年初开始存入 1 000 元的 3 个月定期转存储蓄，3 个月利率为 $a‰$，到 12 月底的本息和是多少？

分析：年初存入的 1 000 元，3 个月到期后，自动转存时第一个存期的利息加入的 1 000 元本金里，作为新的"本金"开始计取利息（这叫"复利"）。到 12 月底时，一共转存了 3 次，计取了 3 次复利，正好取出本息。现在我们分别计算每期结束的本息和。

第一次存期到期的本息和：

$A_1 =$ 本金 + 利息 $= 1\,000 + 1\,000 \times a‰ = 1\,000(1 + a‰)$；

第二次存期到期的本息和：

$A_2 =$ 本金 + 利息 $= 1\,000(1 + a‰)\ + 1\,000 \times a‰ \times (1 + a‰)$

$\quad = 1\,000\ (1 + a‰)^2$；

第三次存期到期的本息和：

$A_3 =$ 本金 + 利息 $= 1\,000(1 + a‰)^2 + 1\,000(1 + a‰)^2 \times a‰$

$\quad = 1\,000(1 + a‰)^3$；

第四次存期到期的本息和：

$A_4 =$ 本金 + 利息 $= 1\,000\ (1 + a‰)^4$。

通过观察，发现 A_1、A_2、A_3、A_4 构成一个等比数列，它的公比是（1 + a‰）。我们可以按照等比数列，已知 A_1 和公比（1 + a‰），运用数列的知识求数列的第 4 项的值，到期的本息和 $A = A_1 \times (1 + a‰)^{4-1} = 1\ 000\ (1 + a‰)^4$，$A$ 和上述分析得出的 A_4 相等，也就是两次计算结果完全相同。依据以上分析计算，我们得出定期转存（复利计息）储蓄，它的本息计算可以按照等比数列的通项公式，构建起这种银行存款品种的本息和的数学计算模型：

$$本息和 = 每期存入金额 \times (1 + 利率)^{存期}$$

通过对以上两个代表性的银行存款储蓄品种的分析，可以类推出这样的结论：如果是单利计算的储蓄品种，一般都可以应用等差数列建立数学模型，计算利息；如果按照复利支付利息的储蓄品种，一般都可以通过等比数列建立数学模型，计算本息和，算出利息。

作业二（研究型——数学问题）：

（1）李跃在银行中存了 10 000 元转期储蓄，年利率为 3%，存了 5 年，请问本金利息和是多少？

（2）某同学的教育储蓄方式是从 2019 年 11 月 1 日开始，每月按时存入 250 元，连续存 5 年，假设月利率为 0.2%，请问到期一次可支取本利共多少元？

作业三（研究型——数学建模）：

小明家有个亲戚准备在老家买新房，他拿不准到底是一次付款划算还是分期付款划算。假设他买一套新房需 15 万元，如果一次性将款付清可优惠 25%；如果钱不够，则可以采用连续 5 年分期付款，银行 1 年期存款年利率为 8%，按本利累进计算（即每年的存款与利息之和转为下年的存款）。那么这样算来，到底哪种方式划算呢？（参考数据：$1.08^4 \approx 1.36$，$1.08^5 \approx 1.47$）

第五节　反证法

如何证明重物体不会比轻物体下落得快？为什么宇宙必然是无限的？空间是无边无际的吗？既然纸币的优点很多，用处很大，那么国家是不是应该多印发一些纸币，让人民快速地富有起来？在法庭辩论中反证法有怎样的应用？

反证法，亦称"逆证"，是间接论证的方法之一，是通过断定与论题相矛盾的判断之虚假来确立论题的真实性的论证方法。反证法是一种有效的解释方法，特别是在进行正面的直接论证或反驳比较困难时，用反证法会收到更好的效果。在物理证明、政治问题辨析、法庭辩论及生活中，反证法都有所运用。

反证法不只是一种方法，更是思考问题的一种有效策略。用反证法思维思考现实世界，会让很多复杂问题变得简单明了，正所谓"正难则反方为道，退步缘是为向前"。本节就让我们学习并理解它在物理、政治、法律、日常生活等领域中的应用吧！

在证明一个命题时，先假设命题不成立，从这样的假设出发，经过推理，证实和已知条件矛盾，或者与定义、公理、定理等矛盾，从而证实假设命题不成立，是错误的，即所求证的命题正确，这种证明方法叫作反证法。英国近代数学家哈代曾经这样称赞反证法："反证法是数学家最有利的一件武器，比起象棋开局时牺牲一子以取得优势的让棋法，它还要更高明。象棋对弈者，不外牺牲一卒或顶多一子，数学家索性把全局拱手让予对方。"

反证法赏析

例1：如图3-11所示，已知直线 a，b，c，且 $a//b$，c 与 a 相交，求证：c 与 b 也相交。

分析：当一个命题不易直接证明时，可以考虑反证法。

证明：假设 $c//b$；

　　　　$\because a//b$，

　　　　$\therefore c//a$，这与 c 和 a 相交相矛盾，假设不成立；

　　　　所以 c 与 b 也相交。

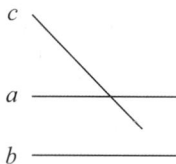

图3-11

例2：如图3-12所示，已知 AB、CD 是 $\odot O$ 内非直径的两弦，求证：AB 与 CD 不能互相平分。

分析：根据反证法的步骤进行证明，先假设 AB 与 CD 能互相平分，结合垂径定理的推论，进行推理，得到矛盾，从而肯定命题的结论正确。

证明：设 AB、CD 交于点 P，连接 OP，见图3-13。

假设 AB 与 CD 能互相平分，则 $CP = DP$，$AP = BP$。

$\because AB$、CD 是 $\odot O$ 内非直径的两弦，

∴ $OP \perp AB$，$OP \perp CD$。

这与"过一点有且只有一条直线与已知直线垂直"相矛盾，所以假设不成立，AB 与 CD 不能互相平分。

小结：根据假设推出结论，除了可与已知条件矛盾外，还可与我们学过的定理、公理矛盾。

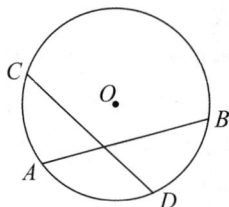 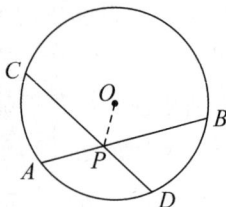

　　　　图 3 - 12　　　　　　　图 3 - 13

例 3：求证：在直角三角形中至少有一个角不大于 45°。

已知：如图 3 - 14 所示，△ABC 中，∠C = 90°。求证：∠A，∠B 中至少有一个角不大于 45°。

分析：根据反证法的一般步骤、三角形内角和定理证明即可。

证明：假设 ∠A，∠B 都大于 45°，则 ∠A > 45°，∠B > 45°。

∴ ∠A + ∠B + ∠C > 45° + 45° + 90°，这与三角形内角和定理相矛盾。

所以 ∠A，∠B 都大于 45° 不成立，∠A，∠B 中至少有一个角不大于 45°。

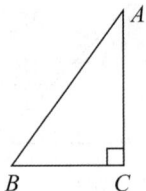

图 3 - 14

反证法的应用步骤如下：

（1）反设：首先经过认真审题正确分辨出命题的条件与结论，然后在此基础上对命题的结论进行否定，见表 3 - 1。

（2）归谬：将第一步中所作反设视为已知条件，逐步进行一系列正确的推导得出矛盾。

（3）存真：根据第二步推导出的矛盾可知第一步所作反设不成立，因此原命题结论成立，命题得证。

表 3 – 1　常见的反设形式

命题结论所用词语	反设所用词语	命题结论所用词语	反设所用词语
都是	不都是	都不是	至少有一个是
所有	有些	有些	所有
且	或	任意	存在
至少有 n 个	至多有 n 个	至多有 n 个	至少有 $n+1$ 个
大于	不大于	小于	不小于
p 或 q	非 p 且非 q	p 且 q	非 p 或非 q

作业一（研究型——数学问题）：

（1）试说出下列命题的反面。

A. a 是实数　　B. b 大于 2　　C. 两条直线平行　　D. 至少有 1 个

（2）用反证法证明"若 $a^2 \neq b^2$，则 $a \neq b$"的第一步是＿＿＿＿＿＿＿。

（3）用反证法证明"如果一个三角形没有两个相等的角，那么这个三角形不是等腰三角形"的第一步是＿＿＿＿＿＿＿＿＿＿＿＿＿＿＿＿＿＿

物理中的反证法

举一个很著名的例子：伽利略为了批驳亚里士多德关于"物体下落的快慢是由它们的重量决定的，物体越重，下落得越快"的错误理论，在 1638 年出版的《关于两门新科学的对话》一书中指出：根据亚里士多德的观点，则一块大石头下落速度比一块小石头的速度大，当我们把两块石头拴在一起时，下落快的会被下落慢的拖着而减慢，下落慢的会被下落快的拖着而加快，结果整个系统的速度介于快与慢之间。但是两石块拴在一起，总重量比大石块还要大，因此下落速度比大石块还要快。结果使亚里士多德的理论陷入了自相矛盾的绝境。伽利略由此推断重物体不会比轻物体下落快的结论。

反证法证明宇宙无限

经常有学生会提出各种各样的问题，如："怎么证明宇宙是无限的？""为什么光速是极限速度？""变压器原副线圈中的电流为什么不跟电压成正比？"有些问题可以用反证法予以回答或作辅助说明。如有的问题可以由所提论点出发，作出推论，引出违背物理学基本规律（如能量守恒定律、质量守恒定律等）的结果，则可加以否定。

关于宇宙无限的观念，就可以用反证法加以证明。

如果宇宙是有限的，也就是说宇宙是有边界的，那么这个边界是河还是山？这个边界是墙壁还是森林？这个边界是气团还是真空？如果边界部分是河，河有多宽？如果是山，山有多高？如果是墙，墙有多厚？如果是林，林有多大？如果是气团或者真空，那么这个气团或真空是有限的还是无限的？如果是物质，那么这种物质是有限的还是无限的？如果河宽有限，那么河对岸是什么？如果山高有限，那么山那边又是什么？……如果物质有限，那么这些物质的外边又是什么？如此循环追问下去，必将引出无穷无尽个有限（注意，不是有限个有限），而无限个有限的本身就是无限。可见"宇宙有限"是不能成立的，"宇宙必然是无限的，空间是无边无际的"。

反证法与政治课

学习关于"纸币的发行"问题时，教师提问学生："既然纸币的优点很多，用处很大，那么国家是不是应该多印发一些纸币，让人民快速地富有起来？"一些学生乐了，说："好啊，这样我们每个人都会更有钱了！"不过也有一部分学生陷入了深思，他们觉得似乎不对，可又不知道道理何在。这时，教师让学生先开展小组讨论"假如国家像企业生产商品一样，不断地印发纸币会怎么样？"然后进行全班交流。学生很快就明白了，国家如果这么做，表面上的确可以使人们有更多的钱，而实际上必然造成市场供求不平衡、商品价格飞涨的混乱局面，人们的生活质量不但得不到改善，反而会因经济活动受到破坏而下降。由此明确了先前的假设是不能成立的，即国家有权发行纸币，但不能随意地滥发纸币。"那么，为了使纸币更'值钱'，是否发行得越少越好呢？"学生再次讨论后明白这也是不行的。这样，学生不仅得到了正确的结论，而且有效地锻炼了思维。

作为一种科学的思维方法，"反证法"在政治课的教学中也有其广阔的"用武之地"。"欲擒"却"故纵"，"歪打"而"正着"，这是反证法的独到妙处。

反证法在法庭辩论中的应用

在法庭辩论中，公诉人一方面可以利用掌握的证据材料和事实，运用逻辑推理来证明被告是有罪的，并且应受到法律惩处；另一方面还要根据掌握的事实和证据材料，运用逻辑推理对辩护人错误的辩护观点进行反驳。反证法则是最常用且又是一种十分有力的反驳方法。例如：被告人胡某系国家工作人员，通过不法手段谋取大量非法收入：在银行有巨额存款，家中有各种高档进口家用电器和大量金银首饰，并且还在某花园小区买有房产。其财产和支出明显超出合法收入，而且超过的数额巨大，被依法提起公诉。被告人胡某自以为做法巧妙，手段高明，认为公安、检察机关难以掌握其犯罪的证据，因此一直不如实交代。在法庭辩论中，公诉人列出大量的事实证明其有罪，并运用反证法证明"被告人胡某犯巨额财产来源不明罪"。公诉人指出："如果被告人胡某没有犯巨额财产来源不明罪，那么他应能清楚地说出自己巨额存款的来源，应能解释清楚家中大量金银首饰和高档进口家用电器的来源，还应能解释清楚其购置某花园小区房产的资金来源。被告人胡某一直不能清楚地说明巨额存款的来源，也不能清楚说明高档进口家用电器的来源和购置房产的资金来源，并且无充分的理由说明超出合法收入的这些巨额财产来源的合法性。因此，被告人胡某犯巨额财产来源不明罪可以成立"。

　　走进生活

　　妈妈常常因家里有人做错了事而大发雷霆。有一次，我和爸爸在看电视，妹妹和妈妈在厨房洗碗，突然，啪的一声，碗打碎了，然后一片寂静。

　　请你思考，是谁打破了碗呢？

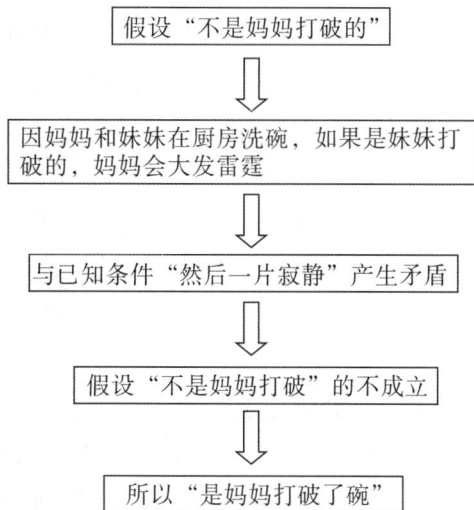

图 3 – 15

请思考上面的推理方法（图 3 – 15）和以前所学的方法一样吗？

归纳逻辑推理的证明方法：直接证明、间接证明。

直接证明是从论据的真实直接推出论题的真实。

间接证明又称为反证法。它是通过证明反论题的虚假，从而判断我们所要证明的论题是真实的。运用反证法进行证明，一般步骤如图 3 – 16 所示：

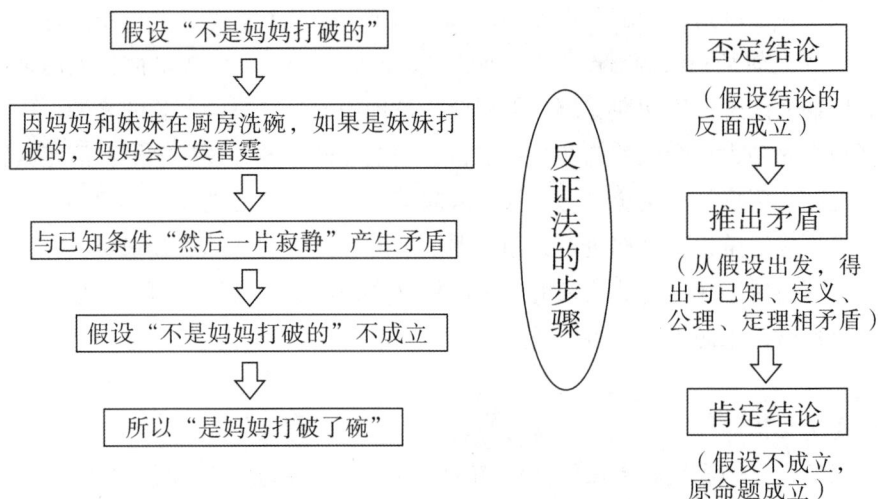

假设"不是妈妈打破的"

⬇

因妈妈和妹妹在厨房洗碗，如果是妹妹打破的，妈妈会大发雷霆

⬇

与已知条件"然后一片寂静"产生矛盾

⬇

假设"不是妈妈打破的"不成立

⬇

所以"是妈妈打破了碗"

反证法的步骤

否定结论
（假设结论的反面成立）

⬇

推出矛盾
（从假设出发，得出与已知、定义、公理、定理相矛盾）

⬇

肯定结论
（假设不成立，原命题成立）

图 3 – 16

作业二（研究型——数学问题）：

（1）美国总统华盛顿从小就非常聪明。小偷翻进鲍克家偷走了许多东西。种种迹象表明小偷就是本村人。华盛顿灵机一动，对全村人讲起了故事："黄蜂是上帝的使者，能辨别人间的真假。"忽然华盛顿大声喊道："小偷就是他，黄蜂正在他的帽子上兜圈子，要落下来了！"大家回头张望，看着那个想把帽子上的黄蜂赶走的人。华盛顿大喝一声："小偷就是他！"你知道这是为什么吗？

（2）A、B、C 三个人，A 说 B 撒谎，B 说 C 撒谎，C 说 A、B 都撒谎，则 C 必定是在撒谎。为什么？

作业三（操作型——数学写作）：

通过上面的阅读和理解，现在请你查找资料，了解更多反证法在生活、物理、政治、法律等不同领域中解决问题的经典实例，做成小报告与同学们分享吧！

第六节　归纳法的应用

你了解归纳法吗？你知道我们玩过的多米诺骨牌游戏蕴藏着数学归纳法的原理吗？"杨辉三角"你了解多少？容器中的水能倒完吗？你知道游戏商家如何设置各个奖区的奖品价值吗？

共变法是近代科学归纳法的重要成就和基本类型之一。它先后经由培根、密尔及涂尔干等人创立和发展而成。共变法有助于研究者通过考察某些现象同时存在、同时变化的状况，检验并确立诸现象之间的因果联系，以期最终发现影响事物发生、发展的内在规则。作为唯一可用于史学研究的科学归纳法，共变法对于当代史学研究的科学化具有极为重要的方法论意义。归纳法在生物学基因方面、身体成分分析方面也有突出的作用。在经济领域中，归纳法的综合分析推理有着突出的地位和极其重要的作用。

根据一类事物的部分对象具有的某种性质，从而推出这类事物的所有对象都具有这种性质的推理，叫作"归纳推理"（简称为"归纳法"，Inductive reasoning）。归纳是从特殊到一般的过程，属于合情推理。数学的起源和发展都伴随着归纳法的运用。这一方法的运用体现了数学创造与再创造的过程。

一般认为归纳推理可以追溯到公元前 6 世纪的毕达哥拉斯时代。毕达哥拉斯对点子数的讨论相当精彩。他由有限个特殊情况而得出一般结论，具有明显的推理过程，但这些推理只是简单的列举，没有涉及归纳结果，属于不完全归纳推理。完整的归纳推理，即归纳法的早期例证是公元前 3 世纪欧几里得《几何原本》中对素数无限多的证明，其中蕴含了归纳步骤和传递步骤的推理。

追求卓越：制造人生多米诺骨牌效应

2009 年 11 月 13 日是"多米诺日"，魏捷斯多米诺公司在荷兰吕伐登市进行了一场破纪录的表演——4 491 863 块多米诺骨牌接连倒下，盛况空前。这场表演里，每一块骨牌释放的能量积聚起来，将高达 94 000 焦耳，相当于一个成年男子做 545 次俯卧撑。

每一块骨牌都代表一个单位的潜在能量，骨牌越多就代表积累起的能量越多。积起一定量的骨牌后，轻轻一触就能激发出惊人的效力。魏捷斯多米诺公司证明了这一点：做好一件恰当的事，其能量足以推动数件事，甚至更多。

1983 年，洛恩·怀特黑德在《美国物理学杂志》上发表文章称，多米诺骨牌效应不仅局限于用一块牌推倒数块牌，还能以小牌推倒大牌。文章解释了一块骨牌如何推倒体积比它大50%的另一块骨牌。

看出其中的寓意了吗？其实一个人能战胜多个强劲的对手。2001年，旧金山科学博物馆的一位物理学家基于怀特黑德的发现，用8块胶合板做成多米诺骨牌重现了实验：每块胶合板骨牌依次比前一块大50%，第一块骨牌高2英寸（约5厘米），最后一块高近3英尺（约91.44厘米）。这场多米诺表演由一声脆响开始。如果说一般的多米诺现象为"线性"推进，那么我们可视怀特黑德的多米诺现象为"几何级数"。所以，继续实验只能靠想象了。第10块牌已经和美国国家橄榄球队的四分卫佩顿·曼宁一般高，第18块牌可媲美比萨斜塔，第23块牌赛过埃菲尔铁塔，第31块牌超过珠穆朗玛峰3 000英尺（约914.4米），而第57块牌足以到达月球！

其实，归纳法也是这个原理。归纳法中用得最多的是标准形式。根据归纳原理能够证明这样的形式：当$P(n)$是自然数n的命题，（基础）如果当$n=1$时，$P(n)$成立，（总结）在$P(K)$成立的条件下能够证明$P(K+1)$也成立（其中K为任意自然数），那么$P(n)$关于所有自然数都成立。

例如：求前n个正奇数的和。

分析：用$S(n)$表示前n个数的和，则

$S(1)=1=1=1^2$；

$S(2)=1+3=4=2^2$；

$S(3)=1+3+5=9=3^2$；

$S(4)=1+3+5+7=16=4^2$；

$S(5)=1+3+5+7+9=25=5^2$。

可以看出，当$n=1$，2，3，4，5时，$S(n)=n^2$。现在可以归纳求前n个正奇数的和的一般规律，即$S(n)=n^2$。与多米诺骨牌游戏类比，这一个个命题，就相当于一个个多米诺骨牌。要证明这无数多个命题成立，就相当于一个个多米诺骨牌都倒下，然后由多米诺骨牌倒下的条件，类比得出数学归纳法证明的两个步骤。上面例题中通过观察一部分对象直接归纳得出一般规律的方法属于不完全归纳法。在日常统计归纳事物中，经常用到不完全归纳法。因为它只是经过观察得出，未经验证，由它得到的结论不一定对任意的n都成立，所以数学中通过不完全归纳法发现规律后，再用完全归纳法来进行验证，就可以保证所得规律在一般意义上都是成立的。

那么，什么是完全归纳法呢？它的证明一般分为两个步骤：

第一步：证明当n取第一个值时结论正确；

第二步：假设当 $n=k$ 时结论成立，证明当 $n=k+1$ 时结论也成立。

以上面例题为例，用完全归纳法来加以证明。

证明：

（1）当 $n=1$ 时，左边 $=1$，右边 $=1$，等式成立；

（2）设当 $n=k$ 时等式成立，即 $1+3+5+\cdots+(2k-1)=k^2$

当 $n=k+1$ 时，左边 $=1+3+5+\cdots+(2k-1)+[2(k+1)-1]$

$$=k^2+2(k+1)-1=k^2+2k+1=(k+1)^2$$

$$=右边。$$

所以结论成立。

作业一（研究型——数学问题）：

（1）请用归纳法证明 $1^2+2^2+3^2+\cdots+n^2=\dfrac{2n(n+1)(2n+1)}{6}$。

（2）课题研究小组对附着在物体表面的三个微生物（分别被标号为 1、2、3）的生长情况进行观察记录。这三个微生物第一天各自一分为二，产生新的微生物（分别被标号为 4、5、6、7、8、9），接下来每天都按照这样的规律变化，即每个微生物一分为二，形成新的微生物，如图 3-17 所示的图形进行形象的记录。那么标号为"100"的微生物会出现在第_____天。

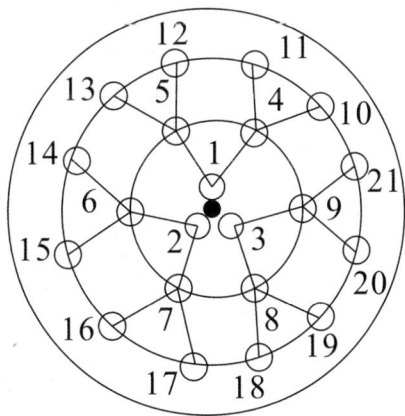

图 3-17

（3）图 3-18（a）中的多边形由正三角形"扩展"而来，边数记为 a_3，图 3-18（b）中的多边形由正方形"扩展"而来，边数记为 a_4……以此类推，由正 n 边形"扩展"而来的多边形的边数记为 a_n（$n\geq3$），则 a_5 的值是＿＿＿＿，当 $\dfrac{1}{a_3}+\dfrac{1}{a_4}+\dfrac{1}{a_5}+\cdots+\dfrac{1}{a_n}=\dfrac{197}{600}$ 时，n 的值为＿＿＿＿。

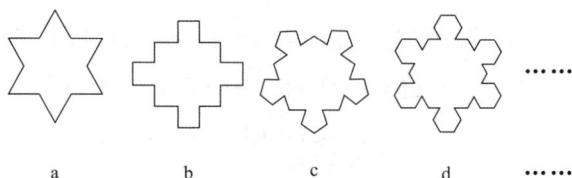

图 3 – 18

杨辉三角

"杨辉三角"是 1261 年我国南宋数学家杨辉在其著作《详解九章算法》中给出的一个用数字排列起来的三角形阵。由于杨辉在书中引用了北宋贾宪于约 1050 年使用的"开方作法本源图""增乘开方法"，这个三角形也被称为"贾宪三角"。在欧洲，这个三角形叫"帕斯卡三角形"，因为是帕斯卡在 1654 年研究出来的，但比杨辉晚了近 400 年。根据杨辉自注，这个图"出《释锁算术》，贾宪用此术"。宋元时代的数学家求数字高次方程正根的方法叫作"开方"，又叫作"释锁"。很可能在杨辉之前，就已经有一些数学家采用此图来研究开方术，其中以贾宪为最早。因此，我们应该把这个具有世界意义的重大贡献归功于贾宪和杨辉二人。贾宪采用得最早，但可惜贾宪的著作早已失传，全靠杨辉在《详解九章算法》里把这份珍贵的遗产保存了下来，并加以发扬光大，广泛应用。"开方作法本源图"又叫作"乘方求廉图"。我们现在采纳华罗庚教授的意见，称它为"杨辉三角"。在杨辉之后，朱世杰在《四元玉鉴》中进一步发展为七乘，载有"古法七乘方图"（见图 3 – 19），比原图多列两层，并且添上了几根斜线。他说这个三角形是古法，因为他至少比贾宪的晚 250 年。继朱世杰之后，

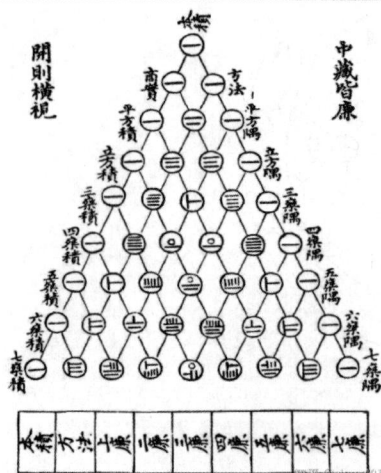

图 3 – 19

明代数学家如吴敬、程大位等的著作中都有和"杨辉三角"相同的图形，可见我国历代数学家对这个图形都很重视。

观察"杨辉三角"，你能得出哪些结论？如图 3 - 20 所示，它与二项式乘方展开式系数又有何关系？

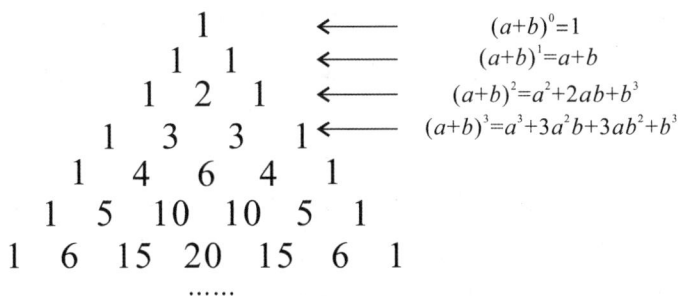

$$
\begin{array}{c}
1 \quad\longleftarrow\quad (a+b)^0=1 \\
1 \quad 1 \quad\longleftarrow\quad (a+b)^1=a+b \\
1 \quad 2 \quad 1 \quad\longleftarrow\quad (a+b)^2=a^2+2ab+b^3 \\
1 \quad 3 \quad 3 \quad 1\longleftarrow\quad (a+b)^3=a^3+3a^2b+3ab^2+b^3 \\
1 \quad 4 \quad 6 \quad 4 \quad 1 \\
1 \quad 5 \quad 10 \quad 10 \quad 5 \quad 1 \\
1 \quad 6 \quad 15 \quad 20 \quad 15 \quad 6 \quad 1 \\
\cdots\cdots
\end{array}
$$

图 3 - 20

解析：

（1）"杨辉三角"两腰上的数是 1，其余每个数为它的上方（左右）两数的和；

（2）"杨辉三角"具有对称性（对称美），与首末两端"等距离"的两个数相等；

（3）第 n 行的数字个数为 n 个，n 行数字和为 2^{n-1}；

（4）$(a+b)^n$ 展开式的各项系数就是"杨辉三角"的第 $(n+1)$ 行的各数值。

与"杨辉三角"联系最紧密的是二项式乘方展开式的系数规律，即二项式定理。例如，在"杨辉三角"中，第三行的三个数 1、2、1 恰好对应着 $(a+b)^2=a^2+2ab+b^2$ 展开式的各项的系数；第四行的三个数 1、3、3、1 恰好对应着 $(a+b)^3=a^3+3a^2b+3ab^2+b^3$ 展开式的各项的系数，等等。

【归纳】 实验、观察 ➡ 概括、推广 ➡ 猜测一般性结论 是归纳法的一般路径，最后采用完全归纳法加以证明。

作业二（研究型——数学问题）：

【拓展】你能根据上面的三角形写出 $(a+b)^5$、$(a-b)^3$ 与 $(a+b)^4$ 的展开式吗？

第七节　排除法的应用

在生活中，排除法常用于猜字谜，即排除一种容易猜到的谜底，而猜别的谜底。如"目字加两点，不作贝字猜"，谜底排除了"贝"字，而应猜作"贺"字，另如"一木口中栽，非杏也非呆"，应排除"杏"和"呆"，而应猜作"束"字。

一般说来，排除法适用于不易直接求解的选择题。当题目中的条件多于一个时，先根据某些条件在选项中找出明显与之矛盾的予以否定，再根据另一些条件在缩小的选项范围内找出矛盾，这样逐步排除，直到得到正确的选项。它与特例法、图解法等结合使用是解选择题的常用且有效的方法。

排除法

我们在解数学题时，哪种类型的题目会较多运用排除法？

我们在解数学题时，选择题是考试中的固定题型，具有考查面宽、解法灵活、评分客观等特点。我们知道，命题分为真命题和假命题。选择题一般由题干（题设）和选择支（结论）组成。如果题干不是完全陈述句，那么题干加上正确的选择支，就构成了一个真命题；而题干加上错误的选择支，构成的就是假命题，错误的选择支也叫干扰支。解选择题的过程，就是通过分析、判断、推理排除干扰支，得出正确选项的过程。

选择题的排除法就是根据题目的要求，结合所学知识，排除题干中的冗余信息或者选项中的错误选项，把一些无关的问题先予以排除，可以确定的问题先确定，尽可能缩小未确定的范围，从而降低理解难度，迅速明确答案，提高命中率。有些选择题可以利用直接法解题。直接法即根据选择题的题设条件，通过计算、推理或判断，最后达到题目要求。有些选择题可以根据题设条件和有关知识，从 4 个答案中排除 3 个答案，根据答案的唯一性，从而确定正确的答案，这种方法称为"排除法"。

作业一（研究型——数学问题）：

（1）已知 $a < b$，则下列各式中正确的是（　　　）

A. $a < -b$　　B. $a - 3 > b + 3$　　C. $a^2 < b^2$　　D. $-3a > -3b$

（2）不能判断四边形 $ABCD$ 是平行四边形的条件是（　　）

A. $AB // CD$，$\angle B = \angle D$　　　　B. $\angle A = \angle C$，$\angle B = \angle D$

C. $AB//CD$，$AD=BC$　　　　　　D. $AD//BC$，$AD=BC$

（3）一个最简分数，分子和分母的和是 50，如果分子、分母都减去 5，得到的最简分数是 $\dfrac{2}{3}$，这个分数原来是(　　　)

A. $\dfrac{20}{29}$　　　　B. $\dfrac{21}{29}$　　　　C. $\dfrac{29}{30}$　　　　D. $\dfrac{29}{50}$

排除法探案

名侦探福尔摩斯说："我就是利用这种淘汰一切不合理的假设的办法，终于得到了这个结论，因为其他任何假设都不可能与这些事实吻合。"

在《四签名》片段中，华生问他："那么你怎么推断到那封电报呢？"他说："今天整整一个上午我都坐在你的对面，并没有看见你写过一封信。在你的桌子上面，我也注意到有一整张的邮票和一捆明信片，那么你去邮局除了发电报还会做什么呢？除去其他的因素，剩下的必是事实了。"

这里福尔摩斯运用了排除法，排除了华生寄信、买邮票和明信片的三种可能性后，得出了一个结论：发电报。我们设 A 代表"去邮局为了寄信"，B 代表"为了买邮票或者明信片"，C 代表"为了发电报"。首先排除 A（并没有看见你写过一封信），再排除 B（有一整张的邮票和一捆明信片），因此只有 C 才是正确的推断（去邮局发电报）。

在刑侦中，鉴定一个犯罪嫌疑人是否与作案现场留下的 DNA 匹配一直是刑侦工作中最普遍的方法。然而，当一个犯罪嫌疑人没有留下任何 DNA 证据时，刑侦人员该如何进行排除和鉴定？以下是几种可靠的排除方法。

第一，验证目击证人证言。在调查案件时，刑侦人员应始终保持开放态度，接受并调查可能为案件提供线索的任何目击证人及证言。这些证言可能包括目击证人的描述、车辆型号和颜色、残留物品特征等。如果多个人提供类似的证言，那么有可能可以较为确定地排除某些嫌疑人。

第二，调查通讯录或手机定位。现代通信技术的应用可以有效地进行犯罪侦查。在某些情况下，犯罪嫌疑人可能通过手机或其他通信设备作案。调查目击证人通常能够提供犯罪嫌疑人的一些信息，如车牌号码、住址等。这样，刑侦人员可以从嫌疑人的通讯记录和手机定位等信息入手，寻找作案证据。在没有 DNA 证据的情况下，这也是一种重要的排除方法。

第三，开展心理学调查和分析。采用心理学调查技术和分析方法可以帮助刑侦人员了解犯罪嫌疑人的行为特征和心理状态，从而更有效地排除某些嫌疑人。如分析犯罪嫌疑人的心理特点、行为方式、犯罪动机等，发现其作案手段和特别的目标。

　　不只是查案，在推理游戏中也经常会用到排除法。例如，一次聚会上，麦吉遇到了汤姆、卡尔和乔治三个人，他想知道他们三人分别是干什么的，但三人只提供了以下信息：三人中，一位是律师，一位是推销员，一位是医生；乔治比医生年龄大，汤姆和推销员不同岁，推销员比卡尔年龄小。根据上述信息，麦吉可以推出的结论是什么呢？有以下选项：A. 汤姆是律师，卡尔是推销员，乔治是医生；B. 汤姆是推销员，卡尔是医生，乔治是律师；C. 汤姆是医生，卡尔是律师，乔治是推销员；D. 汤姆是医生，卡尔是推销员，乔治是律师。乍一看感觉很复杂，只要用排除法，如图 3 - 21 所示，答案一下子就能浮出水面！

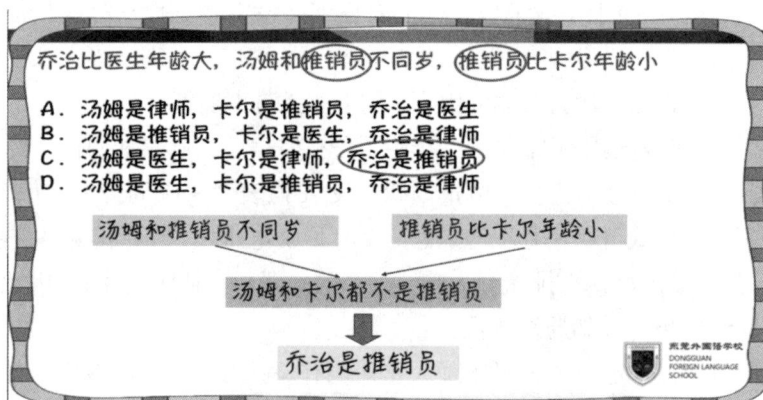

图 3 - 21

图片来源：Litte. 谁在说真话？[J]. 电脑校园，2001（4）：13 - 14.

作业二（研究型——数学问题）：

　　（1）有三位旅客为 A、B 和 C，已知他们三人一个去荷兰，一个去加拿大，一个去英国。据悉 A 不去荷兰，B 不打算去英国，而 C 则既不去加拿大也不去英国。三个人分别去哪个国家？（提示：可借助表格应用排除法）

　　（2）有 A、B、C 三人参加数学竞赛，有一人在竞赛中获了奖，教师问他们获奖者是谁？A 说是 B 获了冠军。B 说冠军不是他。C 也说冠军不是他。他们当中只有一人说了真话。那么谁是冠军呢？

　　（3）甲、乙、丙、丁是四位天资极高的艺术家，分别是舞蹈家、画家、歌唱家、作家。尚不能确定其中每个人所从事的专业领域。已知：

　　①有一天晚上，甲和丙出席了歌唱家的首次演出。

②画家曾为乙和作家两个人画过肖像。

③作家正准备写一本甲的传记，他所写的丁传记是畅销书。

④甲从来没有见过丙。

下面哪个选项正确地描述了每个人的身份？（　　）

A. 甲是歌唱家，乙是作家，丙是画家，丁是舞蹈家。

B. 甲是舞蹈家，乙是歌唱家，丙是作家，丁是画家。

C. 甲是画家，乙是舞蹈家，丙是歌唱家，丁是作家。

D. 甲是作家，乙是画家，丙是舞蹈家，丁是舞蹈家。

第八节　趣味折纸（二）——折二十四面体

拉面中的对折蕴含着怎样的数学规律？一张纸最多可以对折多少次？一张正方形纸片对折 n 次，可以得到多少个等腰直角三角形？纸张为什么可以承重，如何才能更好地承重？如何运用数学原理设计出个性化的二十四面体？

折纸是一门生活的艺术，它可以锻炼我们的手部协调能力，通过本书第二章第九节的学习，你都会折些什么呢？飞机、小船、爱心、星星、千纸鹤、玫瑰花（如图 3 - 22 所示）……甚至许多非常复杂的物体，都可以通过折纸呈现出来。折纸的过程中更是蕴含着丰富的数学图形及数学原理。

图 3 - 22

折纸还可以让我们更好地理解物理学中的承重原理。在折纸的过程中，我们可以发现一张纸在折叠后可以承受更大的重量，这是因为折叠后的纸张形成了更加稳定的结构。

折纸也是一种技术，蕴含着许多对称、全等、相似、比例等数学知识，可以变平面为立体，化腐朽为神奇，可以一生多。折纸技术还广泛应用于物理、艺术等领域中。本节就让我们学习并理解它在物理学、艺术等领域中的应用吧！

拉面与对折

梁实秋曾在《面条》一文中写道："我小时候在北平，家里常吃面。面条由一位厨子供应。他的本事不小。在夏天，他总是打赤膊，拿大块和好了的面团，揉成一长条，提起来拧成麻花形，滴溜溜地转，然后执其两端，上上下下地抖，越抖越长，两臂伸展到无可再伸，就把长长的面条折成双股，双股再拉，拉成四股，四股变成八股，一直拉下去，拉到粗细适度为止。在拉的过程中不时地在撒了干面粉的案子上重重地摔，使其粘上干面，免得粘了起来。一把面抻（chēn）好投在沸滚的锅里，马上抻第二把面，如是抻上两三把，差不多就够吃的了，可是厨子累得一头大汗。"

其中蕴含的数学知识是乘方的定义（图 3 – 23）：
对折 1 次的根数是 2（根）；
对折 2 次的根数是 4（根）；
对折 3 次的根数是 8（根）；
对折 4 次的根数是 16（根）；
对折 5 次的根数是 32（根）；
对折 6 次的根数是 64（根）；
⋮
对折 n 次，得到的根数是 2^n 根。

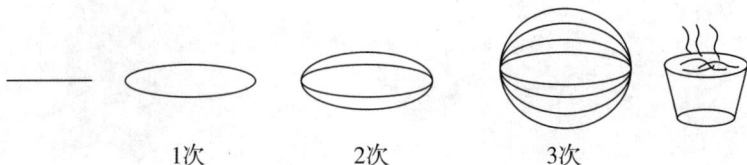

图 3 – 23

一张纸最多可以对折多少次？

纸在我们日常生活中的用途非常广泛，无论是卫生纸、纸巾，还是用来办公的 A4 纸，其每天的消耗量都是一个天文数字！其实，纸还有一个用途，那就是折纸。想必大家都经历过，折纸应该伴随了大部分人的童年。你知道一张纸最多可以对折多少次吗？很多人觉得一张纸对折起来很容易，随手折个七八次应该没什么问题，但事实上并没有那么简单！

就拿我们常见的 A4 纸为例。A4 纸的厚度大约为 1 mm，对折两三次是非常容易的，但是随着对折次数的增多，难度将呈几何级数增长。当对折次数达到 8 次的时候，对折起来的厚度将会达到 256 mm，也就是 25.6 cm。这是一个非常恐怖的数字。如果拿一张 A4 纸对折，你会发现，对折次数根本不可能超过 7 次！

人类迄今为止的折纸纪录是美国得克萨斯州圣马克中学师生们所创造的。他们将一张长度接近 4 千米的厕纸对折了 13 次，对折后的层数达到了 8 192 层，但这个状态无法长时间维持。实际上，随着纸被折次数的增加，纸的厚度跟被折次数之间呈现的是一个指数函数。如果不考虑现实因素，你用一张足够大的纸进行对折，得到的厚度将会让你震惊！

我们假定一张纸的厚度是 0.01 毫米，而且这张纸可以无限对折，那么，当对折次数是 30 次的时候，其厚度大概为 10 734 米，比珠穆朗玛峰还要高；当对折次数达到 42 次的时候，其厚度大概为 439 800 米。

作业一（实验型——数学实验）：

（1）拉面馆的师傅把一个面团拉成 1 根长面条，然后把面条对折，拉成 2 根面条，再对折，再拉细……6 次对折后，将面条拉细下锅，一碗美味的拉面就做好了。此时这碗拉面一共有_____根面条。如果拉面师傅一共对折了 8 次，那么拉细后的面条一共有_____根面条；如果拉面师傅要得到 800 根面条，至少要对折_____次。

（2）如图 3 - 24 所示，二十四面体的每个面均为等腰直角三角形。这些三角形的形状、大小完全相同，即全等的三角形如何用给出的正方形纸片进行折叠呢？

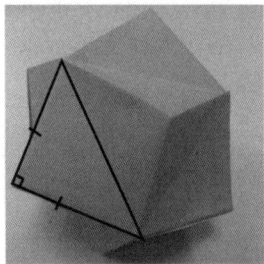

图 3 - 24

（3）将正方形纸片沿其对角线进行对折，如图 3 - 25 所示：

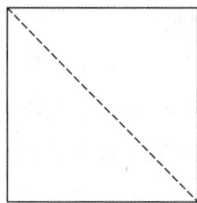

图 3 - 25

对折 1 次，得到_____个等腰直角三角形；

对折 2 次，得到_____个等腰直角三角形；

对折 3 次，得到_____个等腰直角三角形；

对折 4 次，得到_____个等腰直角三角形；

⋮

对折 n 次，得到_____个等腰直角三角形。

一张纸折叠后的承重原理

折纸是一种有趣的手工艺。它不仅可以锻炼我们的手部协调能力，而且可以让我们更好地理解物理学中的承重原理。在折纸的过程中，我们可以发现一张纸在折叠后可以承受更大的重量，这是因为折叠后的纸张形成了更加稳定的结构。因此，我们可以通过折纸来更好地理解物理学中的承重原理，并将其应用到我们的日常生活中。

承重原理是指物体在受到外力作用时会产生内部应力，从而使物体保持平衡的一种物理现象。在折纸的过程中，可以发现，当我们将一张纸折叠成多个角度时，纸张的内部结构会发生变化，从而使纸张的承重能力得到提升。

折叠后的纸能承受重量的原理：

第一，折叠后的纸是弯曲的，如图 3 - 26 所示，一张纸能承受多大的压力，主要是取决于纸张在受力时的弯矩。弯矩即纸张受力的点和受反作用力的点之间的距离。纸张在受力时的弯矩越大，纸张承受的力越大，反之就越小。

第二，把重物放在折叠后的纸上时，纸张的弯矩较大，因此承受的力较大，所以折叠后的纸能承受重量。

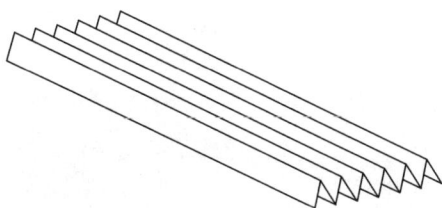

图 3 - 26

例如，当我们将一张纸折叠成三角形时，纸张的内部结构会形成一个三角形的框架，如图 3 - 27 所示，这个框架可以更好地承受外部的压力。同样地，当我们将一张纸折叠成更复杂的形状时，纸张的内部结构也会变得更加复杂，从而使纸张的承重能力得到进一步提升。

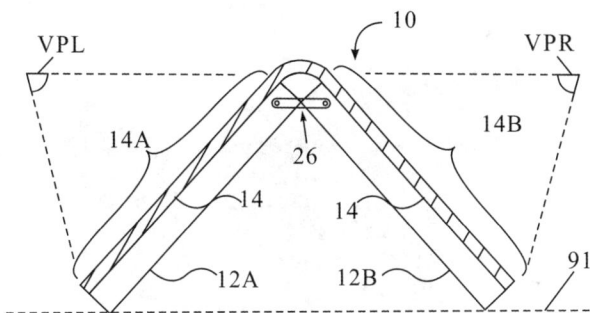

图 3 - 27

折纸还可以通过改变纸张的厚度来增强其承重能力。例如，当我们将一张纸折叠成多层时，每一层都可以承受一定的重量，也可以使整个纸张的承重能力得到提升。

神奇纸桥

桥梁在我们的印象中都是由石头、钢筋水泥制造而成的。如果说用纸也能搭出一座坚固的桥，是不是很不可思议呢？这确实是能实现的。

准备一张不太厚也不太薄的纸，两个一样大的盒子，一些重物，比如几个小本子。

一起动手做：

（1）两个盒子竖起来作为桥墩，纸盖在桥墩上作为桥面，如图 3 - 28 所示。这样桥就建好了吗？检验一下吧！

图 3 – 28

（2）失败了！小本子一放到桥面上，桥就塌了，如图 3 – 29 所示。

图 3 – 29

（3）施个"折叠魔法"——把纸折成一条条的，像折扇那样，如图 3 – 30 所示。

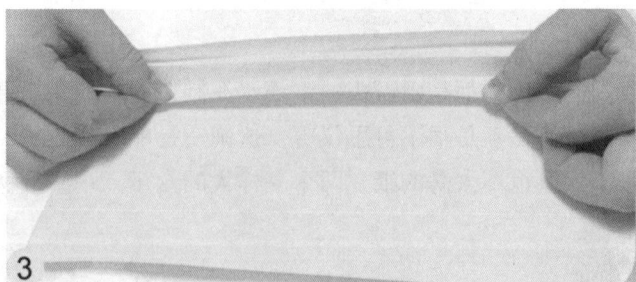

图 3 – 30

（4）再放到桥墩上，如图 3 – 31 所示，这一次纸桥稳稳地托住了小本子！多放几本都没问题！

图 3 – 31

这是为什么呢？有些脆弱的东西，比如薄薄的纸，一旦改变造型、结构，也会变得非常结实。房顶上盖的瓦片也是这个道理——虽然脆脆的瓦片一踩就碎，但是铺成波浪形，能承受雨雪的重量，就是人站上去也不会碎。这些都是结构力学要研究的内容，建高楼、建大桥，都离不开结构力学！跟小伙伴比一比，看谁建的纸桥最结实，能托住更多的小本子，如图 3 – 32 所示。

图 3 – 32

图片来源：大鸭梨. 神奇纸桥［J］. 学苑创造（1—2 年级阅读），2019（4）：26 – 27.

作业二（研究型——数学建模）：

便捷的交通为经济发展提供了更好的保障。桥梁作为公路的咽喉，左右着公路的生命。通过对桥梁的试验监测，可以了解其使用性能和承载能力，同时也为桥梁的养护、加固和安全使用提供可靠的资料。某综合与实践活动小组对其自制的桥梁模型的承重开展了项目化学习活动，设计方案见表3-2。

表3-2　桥梁模型的承重项目化学习活动

活动目标	经历项目化学习的全过程，引导学生在实际情境中发现问题，并将其转化为合理的数学问题	
驱动问题	当桥梁模型发生不同程度的形变时，水桶下降高度的变化	
方案设计	工具	桥梁模型、量角器、卷尺、水桶、水杯、绳子、挂钩等
	示意图	状态一（空水桶）／状态二（水桶内加一定量的水） 说明：C为AB的中点

请你参与该项目化学习活动，并回答下列问题：

（1）该综合与实践活动小组在设计桥梁模型时，选用了三角形结构作为设计单元，这样设计依据的数学原理是＿＿＿＿。

A. 三角形具有稳定性　B. 两点确定一条直线　C. 两点之间线段最短

（2）桥梁发生了如表3-2中"状态二"所示的形变。若其他因素忽略不计，测得 $CD=30$ cm，$\angle C'AC=12°$，$\angle C'AD=45°$，请计算出此时水桶下降的高度 CC'。（参考数据：$\sin 12°\approx0.2$，$\cos 12°\approx1.0$，$\tan 12°\approx0.2$）

用数学原理折二十四面体

材料准备： 正方形彩纸两张（一大一小且均为正反双色，小正方形边长是大正方形边长的一半）、剪刀、固体胶，若干彩笔，如图3-33所示。

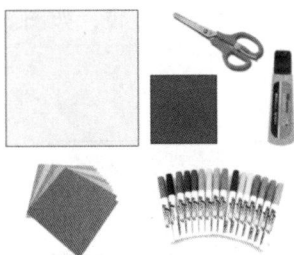

图 3 - 33

由于二十四面体有 24 个面，也就是有 24 个等腰直角三角形，需要折叠多少次呢？因为 $2^4 < 24$，所以折叠 4 次显然不够；因为 $2^5 > 24$，所以要折叠 5 次。$2^5 = 32$，$32 - 24 = 8$，这样又会多出 8 个等腰直角三角形，该怎么办呢？可以考虑黏合或者隐藏。解决了这些问题，下面开始折叠操作，步骤如下。

第一步：取大的正方形正反双色的彩纸，将其中一面作为正面，另一面作为反面。为了更好地折出立体效果，折叠过程分为正面折叠和反面折叠，先进行正面折叠，沿对角线对折，折痕如图 3 - 34 所示：

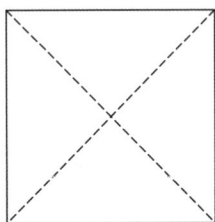

图 3 - 34

第二步：如图 3 - 35 所示，继续进行正面折叠，沿着虚线，将正方形的四个顶点分别翻折到对角线交点上。

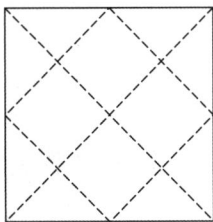

图 3 - 35

第三步：纸张翻到背面，开始反向折叠，如图 3 – 36 所示，折出横向 3 条四等分线。

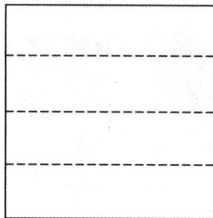

图 3 – 36

第四步：继续进行反面折叠，如图 3 – 37 所示，折出纵向 3 条四等分线。

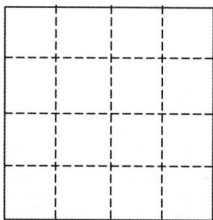

图 3 – 37

第五步：折完后得到如图 3 – 38 所示的效果图，其中浅色虚线为正折得到的，深色虚线是反折得到的。

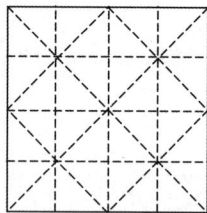

图 3 – 38

第六步：如图 3 – 39 所示，用剪刀沿着深色的实线剪 4 个开口。

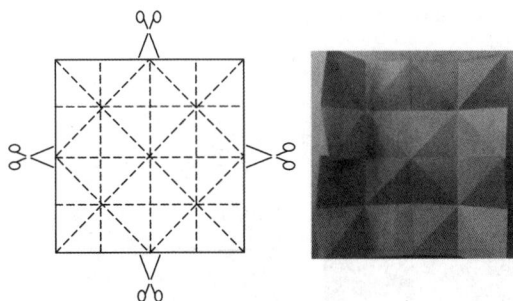

图 3 - 39

第七步：如图 3 - 40 所示，再将正方形纸片按照折痕往反面收拢起来，相同序号的正方形部分重叠，用胶水黏合，就得到了二十四面体的大概形状。

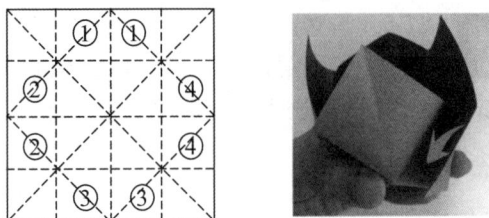

图 3 - 40

第八步：再取原来正方形纸片的四分之一大小的那张小正方形纸片，按照如图 3 - 41 所示折痕，浅色虚线代表正折，深色虚线代表反折，作为二十四面体的顶部。

往正面对折　　　　　往反面对折

图 3 - 41

第九步：得到的小正方形纸片刚好也可以嵌合顶部，用胶水黏合顶部，就得到了一个二十四面体，如图 3-42 所示。

图 3-42

作业三（操作型——模型制作）：

（1）为什么折出来的多面体刚好有 24 个面？折纸经常采用正方形作为材料，你知道原因吗？

（2）通过上面的数学阅读和理解，现在你可以尝试利用数学原理设计二十四面体了。作品要求：将自己的二十四面体进行创意加工，并拍照打印粘贴在以下方框内。

第九节　几何画板的应用（二）——利用几何画板创意绘制函数图像

在初一"趣味数学"中我们已经学习过利用几何画板创意绘图。几何画板除了可以用平移、旋转、轴对称、迭代等功能设计出精美的图案以外，还可以通过创意绘制函数图像得到一些很美丽的图案。你是不是很想试一试？通过阅读与理解，请你创意绘制一份含函数元素的作品。

一、常见的函数图像（图 3 – 43、图 3 – 44、图 3 – 45）

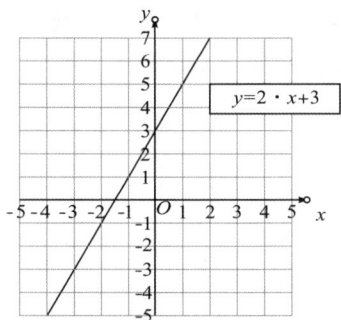

一次函数

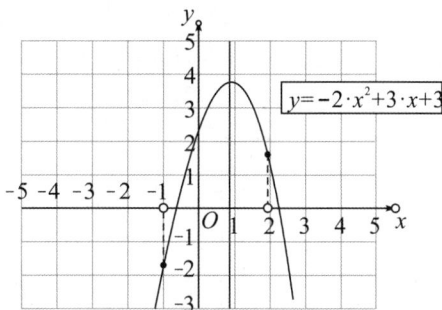

二次函数

图 3 – 43

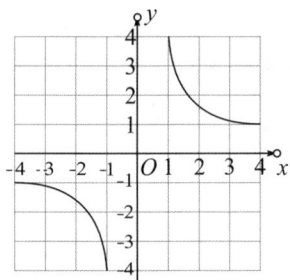

反比例函数

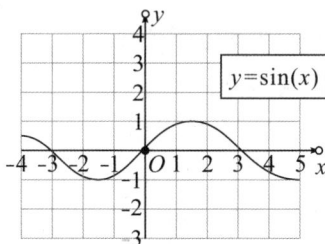

正弦函数

图 3 – 44

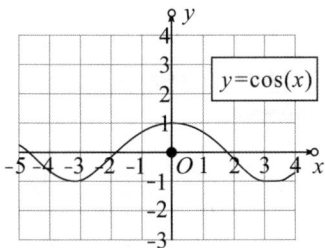

余弦函数

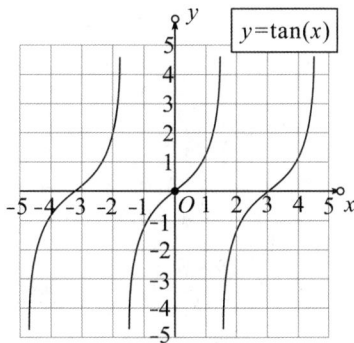

正切函数

图 3 – 45

二、绘制常见函数图像

在几何画板中,选择"绘图"—"绘制新函数",只要输入函数的表达式,就可以直接绘制出相应函数图像。修改如图 3 - 46 示例:

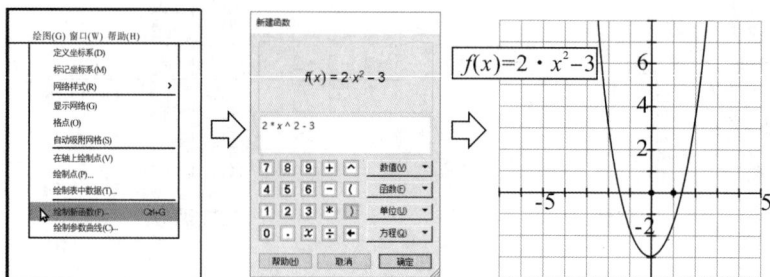

图 3 - 46

若要改变函数图像颜色或线型,只需要选择"显示",在下拉菜单中选择颜色或线型工具即可。

1. 绘制分段函数的图像

方法如下:

(1)绘制新函数,得到函数图像;

(2)选择函数图像,点击右键,在下拉菜单中选择"属性"—"绘图",定义自变量的取值范围,如图 3 - 47 所示;

(3)用上面同样的方式绘制另一段函数图像。

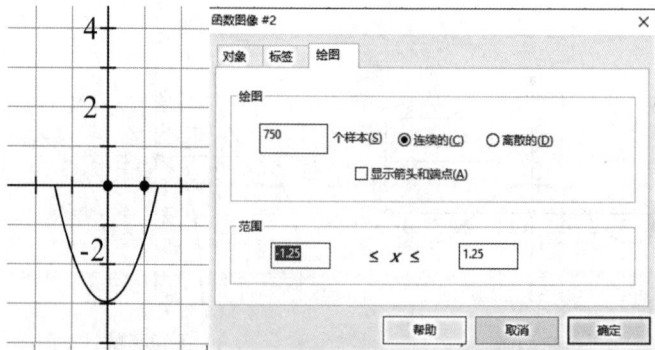

图 3 - 47

作业一（实验型——数学实验）：

（1）试用几何画板功能，画出函数 $y = -2x^2 + 4$ 的图像。

（2）请按要求绘制出以下分段函数图像，并以截图的方式把图像粘贴在下面方框内。

$$\begin{cases} y = x^2 + 2x + 1 \ (-3 \leqslant x < -1.5) & \text{（红色，线型加粗）} \\ y = -3x^2 + 5 \ (-1.5 \leqslant x \leqslant 1.5) & \text{（绿色，线型中等）} \\ y = x^2 - 2x + 1 \ (1.5 < x \leqslant 3) & \text{（绿色，线型中等）} \end{cases}$$

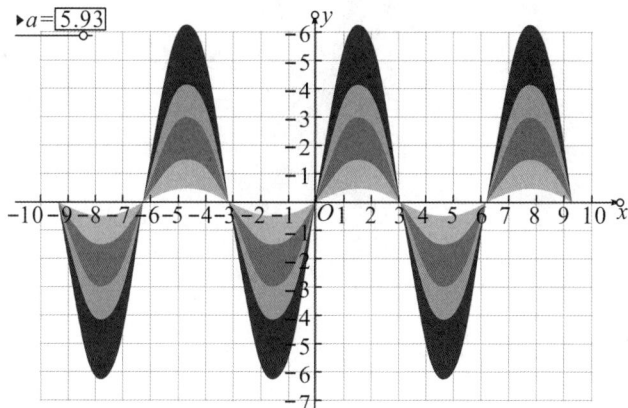

图 3 - 48

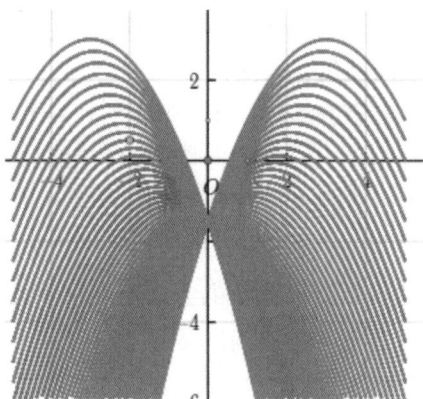

图 3 - 49

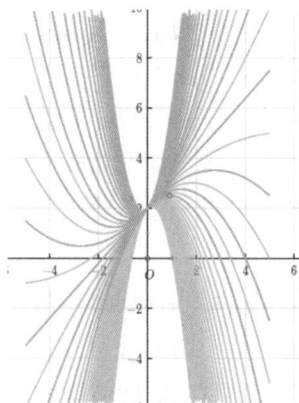

图 3 - 50

以上作品（图 3－48、图 3－49、图 3－50）都有不同的颜色，那么我们如何给作品上色呢？我们可以利用动画追踪功能进行颜色填充。

下面我们来追踪 $y = kx + 1$ 的函数图像。

（1）输入 $y = kx + 1$，绘制它的函数图像；

（2）选择参数 k，点击菜单栏的"编辑"—"操作类按钮"—"动画"；

（3）设置参数的范围和速度；

（4）点击菜单栏"显示"—"追踪"；

（5）点击参数动画按钮，即可看到动画效果，如图 3－51 所示。

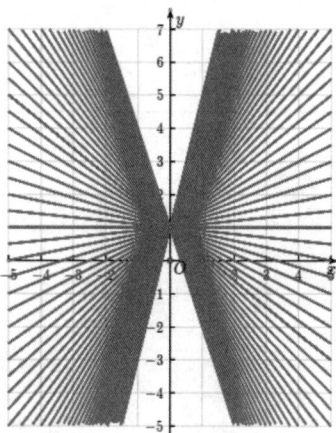

图 3－51

作业二（操作型——模型制作）：

（1）按下面要求绘制函数图像。

第一步：绘制出二次函数 $y = ax^2 - 2x + 3$（$a \neq 0$）的图像，a 是参数；

第二步：将图像设置成自己喜欢的颜色、线型；

第三步：点击参数 a 的动画按钮，看看图像是如何变化的？

第四步：将图像设置成追踪，看看变化的图像能形成怎样美丽的图案？

注意：可以一边运动一边停下来改变颜色和线型，这样能更加丰富我们的图案。

（2）请你绘制一份含函数元素的作品，以截图的方式粘贴在下面方框中，要求图片高清，图上要有几何画板的边框和函数解析式，并且用一句简洁诙谐、有诗意、有内涵的话概括你的设计图。

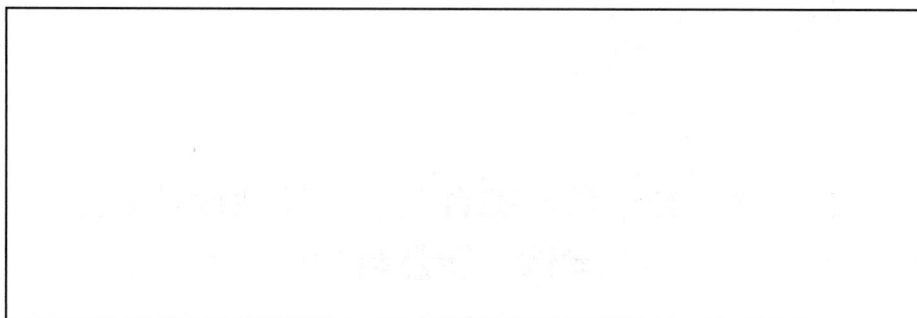

第四章　初中数学综合与实践作业设计研究案例：智慧数学

第一节　整体思想（一）

整体思想，指在研究和解决有关数学问题时，通过研究问题的整体形式、整体结构、整体特征，从而对问题进行整体处理的解题方法。整体思想的主要表现形式有整体代换、整体设元、整体变形、整体配凑、整体构造、整体补形等。在初中数学中的数与式、方程与不等式、函数与图像、几何与图形等方面，整体思想都有很好的应用。在解决实际问题时如何运用整体代入？如何运用整体加减？如何运用整体代换？

整体代入

复旦大学的苏步青教授是我国著名的数学家。他在微分几何学的研究上很有造诣。年轻时，他曾去日本留学。有一天，在公共汽车上，一个外国学者看到了苏步青，给他出了这样一道题：甲、乙两人相距 50 km，分别以 3 km/h、2 km/h 的速度相向而行，同时甲所带的小狗以 5 km/h 的速度奔向乙，小狗遇到乙后立即回头奔向甲，遇到甲后又立即奔向乙……直到甲、乙相遇，小狗所走的路程是多少？苏步青听后立即回答：小狗所走的路程是 50 km。

同学们，为什么苏步青能立即说出答案呢？

因为苏步青从整体上考虑，小狗从出发到甲、乙二人相遇所用的时间，恰好是甲、乙二人相遇所用的时间，答案唾手可得，所以我们在数学学习过程中也要经常运用这种思想解决问题。这就要求大家在学习的过程中，有时候只能从大的、宏观的方面考虑问题，避免钻牛角尖，将一些问题"打包"处理，以达到事半功倍的效果。

你想知道怎么运用整体代入解决问题吗？

整体代入，是求代数式的值最常用的方法，即把字母所表示的数值直接代入，计算求值。我们在求代数式的值时，一般情况是先化简、合并同类项，再代入求值。但有时这种方法行不通。那么，我们可以选用整体代入求代数式的值，甚至可以用整体代入解决其他求值问题。

作业一（研究型——数学问题）：

（1）已知 $x - y = 3$，则代数式 $5(x - y) - 2(y - x) + 6(x - y)$ 的值为_____。

（2）若 a，b 互为倒数，则 $a^2 b - (a - 2023)$ 的值为_____。

（3）已知 $2^m = 3$，$32^n = 5$，m 和 n 为正整数，求 $2^{3m + 10n}$ 的值。

整体加减

某水池装有 A、B、C、D、E 五根进水管，若同时打开 A、B、C 三管，10 分钟可注满水池；同时打开 B、C、D 三管，6 分钟可注满水池；同时打开 D、E 两管，10 分钟可注满水池；同时打开 A、E 两管，30 分钟可注满水池。现问若将五管同时打开，注满水池需_____分钟。（孝感市初一数学"迎春杯"邀请赛试题）

解法 1：先从常规方法考虑，设单独打开 A、B、C、D、E 五管注满水池，分别需 x、y、z、m、n 分钟，由题意有方程组

$$\begin{cases} \dfrac{1}{x} + \dfrac{1}{y} + \dfrac{1}{z} = \dfrac{1}{10} & ① \\[2mm] \dfrac{1}{y} + \dfrac{1}{z} + \dfrac{1}{m} = \dfrac{1}{6} & ② \\[2mm] \dfrac{1}{m} + \dfrac{1}{n} = \dfrac{1}{10} & ③ \\[2mm] \dfrac{1}{x} + \dfrac{1}{n} = \dfrac{1}{30} & ④ \end{cases}$$

由于此题要求的是五管同时打开注满水池的时间，而这个时间为 $\dfrac{1}{\frac{1}{x} + \frac{1}{y} + \frac{1}{z} + \frac{1}{m} + \frac{1}{n}}$，可把 $\left(\dfrac{1}{x} + \dfrac{1}{y} + \dfrac{1}{z} + \dfrac{1}{m} + \dfrac{1}{n}\right)$ 看作一个整体而不必分别求出它们各自的值，于是可得以下简解：$[① + ② + ③ + ④] \div 2$ 得 $\dfrac{1}{x} + \dfrac{1}{y} + \dfrac{1}{z} + \dfrac{1}{m} + \dfrac{1}{n} = \dfrac{1}{5}$，即五管同时打开注满水池需要 5 分钟。

解法 2：先从整体去考虑，设同时打开两组这样的管子及两个 A 管、两个

B 管……两个 E 管，而这两组管子按题设条件可以分成四个小组（A、B、C）（B、C、D）（D、E）（A、E），因此当它们同时打开后，每分钟注入的水是水池的 $\frac{1}{10}+\frac{1}{6}+\frac{1}{10}+\frac{1}{30}=\frac{6}{15}$，所以一组这样的管子每分钟注入的水是水池的 $\frac{1}{5}$，即五管同时打开注满水池需要 5 分钟。

上述阅读材料中蕴含了整体思想中的整体加减，你了解吗？

整体加减就是把题中的某关系式或条件当成整体来用，然后通过整体"加减运动"找到正确解题的方法。在加减运算中，运用整体思想对某些问题进行整体处理，常能化繁为简，收到事半功倍的效果。

作业二（研究型——数学问题）：

（1）已知 $2x+xy=10$，$3y+2xy=6$，则 $4x+8xy+9y=$ _____。

（2）甲、乙、丙三种商品，若买甲 4 件、乙 5 件、丙 2 件，共用 69 元；若买甲 5 件、乙 6 件、丙 1 件，共用 84 元。问买甲 2 件、乙 3 件、丙 4 件，共需要多少钱？

整体代换

我们把绝对值符号内含有未知数的方程叫作"含有绝对值的方程"。例如：$|x|=3$，$|4x-5|=1$，$|2a-1|=|5+7a|$……，都是"含有绝对值的方程"。

怎样才能求出"含有绝对值的方程"的解？

以方程 $|x|=3$，$|4x-5|=1$ 为例来探求解法。

探究思路：根据绝对值的意义，把绝对值的符号去掉，这样就可以将"含有绝对值的方程"转化为一元一次方程进行求解。

探究结论：

（1）解方程 $|x|=3$。

解：根据绝对值的意义，得 $x=3$ 或 $x=-3$。

（2）解方程 $|4x-5|=1$。

分析：把 $4x-5$ 看作一个整体。

解：根据绝对值的意义，得 $4x-5=1$ 或 $4x-5=-1$。

分别解这两个方程，得 $x=\frac{3}{2}$ 或 $x=1$。

　　整体代换，就是把数学题中的某个条件当成一个"整体"，然后将这个"整体"代入到题中，进行相关的计算，从而达到解题的效果。看看下例怎样运用整体代换解决问题吧！

　　问题：解方程 $(x^2-2)^2-11(x^2-2)+18=0$

　　解析：为解方程 $(x^2-2)^2-11(x^2-2)+18=0$，我们可以将 x^2-2 视为一个整体，然后可设 $x^2-2=y$，则 $(x^2-2)^2=y^2$，于是原方程可转化为 $y^2-11y+18=0$，解此方程，得 $y_1=2$，$y_2=9$。

　　当 $y_1=2$ 时，$x^2-2=2$，$\therefore x=\pm 2$；

　　当 $y_2=9$ 时，$x^2-2=9$，$\therefore x=\pm\sqrt{11}$。

　　$\therefore$ 原方程的解为 $x_1=2$，$x_2=-2$，$x_3=\sqrt{11}$，$x_4=-\sqrt{11}$。

　　你能运用上面的方法解决下列问题吗？

作业三（研究型——数学问题）：

计算：$\left(1+\dfrac{1}{2}+\dfrac{1}{3}+\dfrac{1}{4}\right)\times\left(\dfrac{1}{2}+\dfrac{1}{3}+\dfrac{1}{4}+\dfrac{1}{5}\right)-\left(1+\dfrac{1}{2}+\dfrac{1}{3}+\dfrac{1}{4}+\dfrac{1}{5}\right)\times\left(\dfrac{1}{2}+\dfrac{1}{3}+\dfrac{1}{4}\right)$。

第二节　整体思想（二）

　　整体思想的形式还有哪些？我们一起来了解整体思想的其他形式，看看在解决实际问题时是如何应用整体思想的？

整体构造

　　有一根木棒 MN 放置在数轴上，它的两端 M、N 分别落在点 A、B，将木棒在数轴上水平移动。当点 M 移动到点 B 时，点 N 所对应的数为 20；当点 N 移动到点 A 时，点 M 所对应的数为 5。（单位：cm）

　　（1）由此可得，木棒长为多少？

（2）借助上述方法解决问题：

一天，美羊羊去问村长爷爷的年龄。村长爷爷说："我若是你现在这么大，你还要 40 年才出生呢！你若是我现在这么大，我已经是老寿星了，116 岁了，哈哈！"美羊羊纳闷，村长爷爷到底是多少岁？请你画出示意图，求出村长爷爷和美羊羊现在的年龄，并说明解题思路。

分析：点 A 表示美羊羊现在的年龄，点 B 表示村长爷爷现在的年龄，木棒 MN 的两端分别落在点 A，B。由题意可知，当点 N 移动到点 A 时，点 M 所对应的数为 -40，点 M 移动到点 B 时，点 N 所对应的数为 116，可求出 $MN = \dfrac{116 - (-40)}{3} = 52$。所以点 A 所对应的数为 12，点 B 所对应的数为 64，故村长爷爷 64 岁，美羊羊 12 岁。

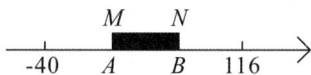

整体构造就是根据已知条件和所求问题，构造相应的式子，通过对两个或多个式子的联合研究来解决问题。看看下面的例题如何运用整体构造来解决问题：

已知两个不相等实数 a，b，满足条件 $a^2 - 6a + 4 = 0$，$b^2 - 6b + 4 = 0$。

求 $\dfrac{b}{a} + \dfrac{a}{b}$ 的值。

分析：对于这个方程，若是按照常规的方法来思考，需要从已知的两个式子中求出和的值，但是 a 和 b 各有两个值，这就要分四种情况进行讨论，这样解起来比较烦琐。首先，可以考虑将 a 和 b 看作是方程 $x^2 - 6x + 4 = 0$ 的两个实数根，然后利用一元二次方程根与系数的关系，计算出 $a + b = 6$，$\dfrac{b}{a} + \dfrac{a}{b} = \dfrac{b^2 + a^2}{ab} = 7$。其次，利用韦达定理的逆定理构造一元二次方程。当题设条件具备 $x_1 + x_2 = p$，$x_1 x_2 = q$ 时，便可以使用韦达定理的逆定理构造一元二次方程来解题，即将 x_1，x_2 看作方程 $x^2 - px + q = 0$ 的两个实根。最后，利用换元法构造一元二次方程。在解含有多个变元的等式时，可以将等式整理成关于某个字母的一元二次方程。

作业一（研究型——数学问题）：

（1）已知 $x + \dfrac{1}{x} = 3$，则 $x^2 + \dfrac{1}{x^2} = $ _____。

（2）已知 $a = 200x + 2007$，$b = 200x + 2008$，$c = 200x + 2009$。

求多项式 $a^2 + b^2 + c^2 - ab - bc - ac$。

整体补形

整体补形是从图形的整体性角度出发，将问题中不完整的图形补为完整的图形，从而利用图形的整体性质使问题巧妙获解。从整体补形的角度去思考，巧妙添加辅助线，通过辅助线对问题中图形进行补全，使之成为一个熟悉的基本图形或基本模型（如等腰三角形、拉手模型等），从而发现隐含信息，并使本不相关的一些信息可以集中在一起。

看看下面题目是如何运用整体补形解决问题的。

如图 4-1 所示，$AB = 4$，$DB \perp AB$，$EA \perp AB$，$DB = 3$，$EA = 6$，点 M 是 DE 的中点，求 BM 的长。

分析：由已知条件可以联想到平行四边形，故延长 DB 到 F，使 $DF = EA = 6$，连接 EF、AD，由 $DB \perp AB$，$EA \perp AB$，得 $AE // DB$，所以四边形 $ADFE$ 为平行四边形。在 $\mathrm{Rt} \triangle ABD$ 中，$AD = \sqrt{AB^2 + DB^2} = 5$，所以 $EF = AD = 5$，由中位线定理得到 $BM = \dfrac{1}{2} EF = \dfrac{5}{2}$。

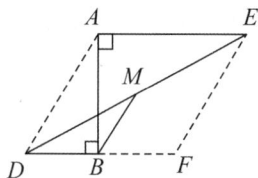

图 4-1

作业二（研究型——数学问题）：

如图 4-2 所示，假设一块草地是四边形，已知 $AB = 2$，$CD = 1$，$\angle A = 60°$，$\angle B = \angle D = 90°$，求草地的面积。（请你用尽可能多的方法去解决）

提示：这是一个不规则的四边形，欲求它的面积，可把它补成三角形或规则的四边形。

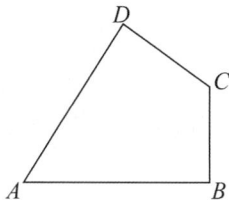

图 4-2

第三节　数形结合思想

　　从古埃及的金字塔到现代的建筑物，从巨大的钢架桥到微小的分子结构，宇宙中的万事万物，都展示了几何与代数结合的强大力量。可以用几何的方法研究代数问题，又可以用代数的方法研究几何问题。

　　数形结合思想是指将数（量）与（图）形结合起来进行分析、研究、解决问题的一种思维策略。数形结合就是把抽象的数学语言、数量关系与直观的几何图形、位置关系相结合。通过数与形的相互转化来解决数学问题，实现抽象思维与形象思维的结合与转换。

　　你能用经纬度表示东莞外国语学校吗？你了解"杨辉三角"吗？你想知道拿破仑定理在城镇规划中的应用吗？

　　经度和纬度是地球表面上确定一个位置最常用的坐标系统，也称"地理坐标"。通过经度和纬度可以准确地描述地球上任何一个地点的位置。经度和纬度在 GPS 中用于导航和定位，用于研究物理、化学和生态系统，帮助识别和分析自然现象和环境；也用于民事和军事，如地图绘制、遥感技术、战略规划、情报收集。拿破仑定理用于旧城区改造，科学合理地组织人流、物流，极大地提高城市土地和建筑设施的利用率，在电力工程规划设计中也具有一定的意义。

　　利用经纬度表示地理位置

　　经纬度概念最早由古希腊天文学家喜帕恰斯提出，用以表示地理位置。而东西经的概念，则是在 1884 年国际经度学术会议上正式确定，经过英国伦敦格林尼治天文台旧址的经线作为全球的零度经线（即本初子午线）。这一决定为全球经纬度的划分提供了统一标准。

　　不管在地球仪上，还是在各种地图上都布满了细线网。这就是经线和纬线。地图上水平方向的线是纬线，它们用度（°）来表示地理纬度。赤道上所有的点是 0 纬度，北极对应北纬 90°，南极对应南纬 90°。例如，东莞外国语学校位于北纬 23.047°，但仅用纬度确定位置是不够的，需要第二个坐标——经度。

　　地图上竖直方向的线是经线，地理经度也用度（°）来表示。经过英国格林尼治天文台的经线是初始经线（0°）。它东面的所有点有东经度值（0°到

180°)，西面的点有西经度值。例如，东莞外国语学校位于东经 113.829°，再加上东莞外国语学校位于北纬 23.047°，就能确定东莞外国语学校在地球上的位置了。

由于地球可近似地看作一个球体，经线和纬线在地球表面构成一个坐标网。经线沿东西方向分布，纬线沿南北方向分布。指明一点的经度和纬度，就可以确定这一点在地球上的位置。

作业一（操作型——模型制作）：

通过上面的数学阅读和理解，相信现在你已经可以用经纬度表示学校某栋建筑的地理位置了，那就请你大胆创作，并把作品画或贴在下面的方框中吧！

抛物线的应用（如图 4 - 3、图 4 - 4、图 4 - 5、图 4 - 6）

图 4 - 3

图 4 - 4

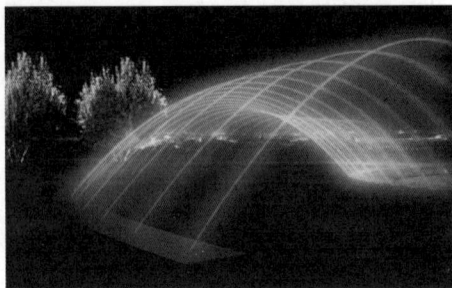

图 4 - 5　　　　　　　　　　　　　　图 4 - 6

我们已经知道，二次函数 $y = ax^2 + bx + c$（$a \neq 0$）的图像是一条抛物线。

通常，我们把一个点在运动的过程中所留下的"痕迹"叫作这个动点的轨迹，实际上还可以把动点的轨迹看作满足某条件的所有点组成的图形。例如，我们可以把线段的垂直平分线看作一个动点按照"到线段两端距离相等"的规律运动时留下的"痕迹"，也可以看作"线段的垂直平分线是到线段两端距离相等的点的轨迹"。

实际上，炮弹沿着和水平方向成一定角度的方向射出时，在不计空气阻力的情况下，其运动形成的轨迹就是抛物线，如图 4 - 7 所示。

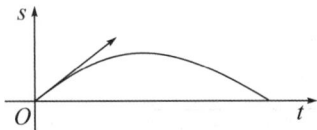

图 4 - 7

学习了物理学以后我们知道，当抛出去的物体的运动方向和水平方向成 30°，抛出初速度的大小是 60 m/s 时，它的飞行高度 h 就是抛出去后的飞行时间 t 的二次函数，它的表达式是 $h = 30t - 4.9t^2$。因此，我们把二次函数的图像叫作抛物线。

在数学的发展史上，像这样既有形状又有实际背景的美丽曲线还有很多很多。

例如，滑雪运动员在高处沿怎样的曲线滑下来所用的时间最短？那什么形状的滑梯才能让儿童从滑梯上滑下来所用的时间最短？这就是 17 世纪瑞士数学家约翰·贝努利（1667—1748 年）于 1696 年向当时的数学家们提出的一个至今仍脍炙人口的"最速降线"问题。

如图4－8所示，A 和 B 是不在同一铅垂线上的两个点，点 A 高于点 B，动点 P 在自身重力的作用下，从点 A 开始，用最短的时间从 A 滑行到 B，它滑行的轨迹是什么曲线？

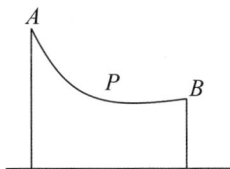

图4－8

问题提出不到半年，伟大的英国物理学家牛顿（1642—1727 年）就找到了问题的解法，得到了问题的答案。奇妙的是，原来这条曲线就是车轮在平地上滚动时一个点的运动轨迹。如图4－9所示，这个轨迹叫旋轮线。旋轮线就是最速降线。

最速降线有着广泛的应用，某古建筑屋顶上的琉璃瓦、办公楼的屋顶，都采用了最速降线的形状。它不仅使建筑充满一种和谐雄伟的壮美感，而且可以使雨水在屋顶上停留时间最短，因而减小酸雨对屋顶的侵蚀，起到了保护建筑的作用。

图4－9

图片来源：北京教育科学研究院. 义务教育教科书：数学（九年级上册）[M]. 北京：北京出版社，2015.

作业二（研究型——数学问题）：

（1）如图4－10所示，二次函数 $y = ax^2 + bx + c$ 的图像开口向上，图像过点（－1，2）和（1，0），且与 y 轴相交于负半轴。根据图4－10所提供的信息，请你写出有关 a，b，c 的至少4条结论，并简单说明理由。

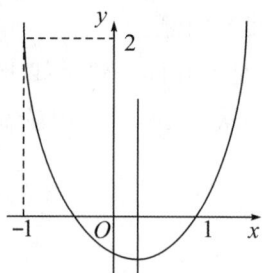

图 4-10

（2）图 4-11 中窗户边框的上半部分是由四个全等扇形组成的半圆，下部分是矩形。如果制作一个窗户边框的材料总长为 6m，那么如何设计这个窗户边框的尺寸，可使透光面积最大（结果精确到 $0.01\ m^2$）？

图 4-11

第四节　函数与方程思想

　　函数与方程思想是中学数学最重要的思想之一，对培养学生数学知识的应用意识和转化意识非常重要。函数思想是指运用运动和变化的观点，分析、研究变量间的数量关系，建立函数关系式，借助函数的概念、图像和性质去分析问题、解决问题。方程思想是指从变量间的数量关系入手，运用数学语言将问题中的条件转化为数学模型（方程、方程组），最后通过解方程（组）来解决问题。

　　我们知道，很多复杂的实际生活问题，都可以通过建立函数、方程模型，运用函数与方程思想来解决。比如测算岩石年龄问题、水电费问题、方案选择问题等，它们是怎样应用的呢？下面让我们一起来进行阅读与理解吧！

科学家如何测算岩石的年龄

你知道科学家如何测算岩石的年龄吗？解决这个问题时要用到函数这个数学工具。

1903 年，英国物理学家卢瑟福（1871—1937）年通过实验证实，放射性物质放出射线后，这种物质的质量将减少，减少的速度开始较快，后来较慢，物质所剩的质量与时间成某种函数关系。图 4 - 12 为表示镭的放射规律的函数图像。

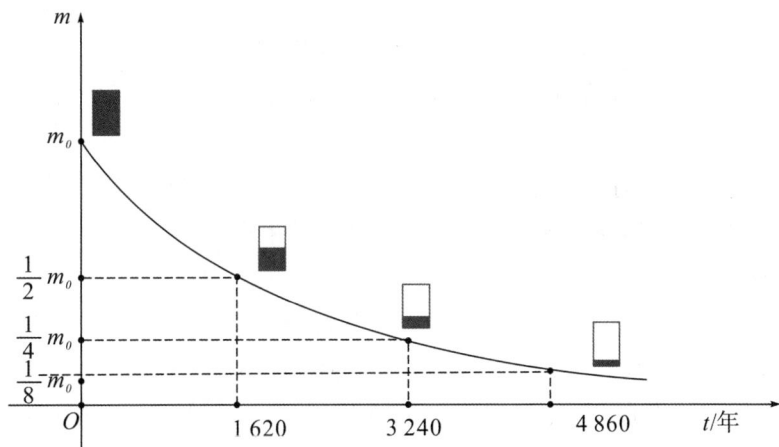

图 4 - 12

由图 4 - 12 我们可以发现：镭的质量由 m_0 缩减到 $\frac{1}{2}m_0$ 需要年数为 1 620，由 $\frac{1}{2}m_0$ 缩减到 $\frac{1}{4}m_0$ 需要年数为 3 240 - 1 620 = 1 620，由 $\frac{1}{4}m_0$ 缩减到 $\frac{1}{8}m_0$ 需要年数为 4 860 - 3 240 = 1 620，即镭的质量缩减为原来的一半所用的时间是一个不变的量——1 620 年。一般把 1 620 年称为"镭的半衰期"。

实际上，所有放射性物质都有自己的半衰期。铀的半衰期为 45.6 亿年，蜕变后的铀最后成为铅。因此，科学家们测出一块岩石中现在含铀和铅的质量，便可以算出这块岩石原来的含铀量，进而利用半衰期算出从原来含铀量到现在含铀量经过了多少时间，从而推算出这块岩石的年龄，据此测算出地球上最古老的岩石的年龄约为 30 亿年。

分段函数

某市采用分段收费的方式按月计算每户家庭的水费，收费标准如表 4-1 所示：

表 4-1　某市每户家庭水费

户月用水量/m^3	收费标准/（元/m^3）
不超过 18 m^3	3.5
超过 18m^3，但不超过 25m^3 的部分	5
超过 25m^3 的部分	7

（1）小明家 3 月用水量为 20 m^3，应缴纳水费_____元。

（2）设某户某月的用水量为 x m^3，应缴纳水费多少元？（用含 x 的代数式表示）

（3）小红家 6 月和 7 月的用水量共 50 m^3，且 7 月用水量比 6 月多，这两个月共缴纳水费 217 元，则小红家 6 月和 7 月的用水量分别为_____m^3。

【分析】

（1）利用应缴纳水费 $=3.5\times18+5\times$ 超过 18 m^3 的部分，即可求出答案；

（2）分 $x\leqslant18$，$18<x\leqslant25$ 及 $x>25$ 三种情况考虑，利用应缴纳水费 = 单价×数量，结合分段收费的方式，即可用含 x 的代数式表示出应缴纳水费；

（3）设小红家 6 月的用水量为 y m^3，则 7 月的用水量为 $(50-y)$ m^3，分 $y\leqslant18$ 及 $18<y\leqslant25$ 两种情况考虑，根据 6 月及 7 月共缴纳水费 217 元，可得出关于 y 的一元一次方程，解之取其符合题意的值即可得出答案。

【解答】

（1）根据题意得：

$$3.5\times18+5\times(20-18)$$
$$=3.5\times18+5\times2$$
$$=63+10$$
$$=73（元）。$$

（2）根据题意得：

当 $x\leqslant18$ 时，应缴纳水费 $3.5x$ 元；

当 $18<x\leqslant25$ 时，应缴纳水费 $3.5\times18+5(x-18)=(5x-27)$ 元；

当 $x>25$ 时，应缴纳水费 $3.5\times18+5\times(25-18)+7(x-25)=(7x-$

77）元。

$$\therefore \text{应缴纳水费} \begin{cases} 3.5x & (x \leqslant 18) \\ 5x-27 & (18 < x \leqslant 25) \\ 7x-77 & (x > 25) \end{cases} \text{元}.$$

（3）设小红家 6 月的用水量为 $y\,\mathrm{m}^3$，则 7 月的用水量为（$50-y$）m^3。

当 $y \leqslant 18$ 时，$3.5y+7(50-y)-77=217$，解得：$y=16$；

当 $18 < y \leqslant 25$ 时，$5y-27+7(50-y)-77=217$，解得：$y=14.5$（不符合题意，舍去）。

$\therefore y=16$，

$\therefore 50-y=50-16=34$，

$\therefore$ 小红家 6 月的用水量为 16 m^3，7 月的用水量为 34 m^3。

作业一（研究型——数学问题）：

（1）一个皮球从 16 m 高处下落，第一次落地后反弹起 8 m，第二次落地后反弹起 4 m，以后每次落地后的反弹高度都减半，试写出表示反弹高度 h（单位：m）与落地次数 n 的对应关系的函数解析式。皮球第几次落地后的反弹高度为 $\frac{1}{8}$ m？（解决这个问题可以帮助你理解"半衰"现象）

（2）某省的居民用电阶梯电价方案如表 4-2 所示：

表 4-2 某省居民月用电阶梯电价方案

月用电量第一档	月用电量第二档	月用电量第三档
180 度以下，每度 0.55 元	180 度至 300 度的部分，每度比第一档提价 a 元	300 度以上的部分，每度比第一档提价 0.30 元

例：若某户月用电量 350 度，则需要交电费为 $180 \times 0.55 + (300 - 180) \times (0.55+a) + (350-300) \times (0.55+0.30) = (207.5+120a)$ 元。

若小华家 10 月用电量为 280 度，缴纳电费为 164 元，求出 a 的值；

在上述的条件下，若小华家 11 月的电费为 262 元，求出小华家 11 月的用电量。

函数在生物学科的应用

一生物学者发现，气温 y（℃）在一定范围内，某种昆虫鸣叫的次数 x 与

气温 y 成一次函数关系，其图像如图 4 – 13 所示。

（1）请你根据图中的数据，求出 y 与 x 的函数关系；

（2）当该种昆虫每分钟鸣叫 56 次时，该地当时的气温为多少？

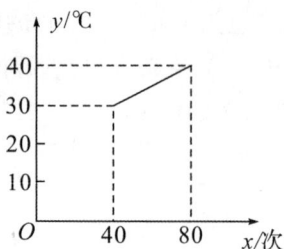

图 4 – 13

分析：该题是生物学科的生物和环境效应与数学函数图像的综合应用问题。解题的关键是：读懂图像，理解题意，弄清昆虫鸣叫的次数与环境气温变化之间的关系。从图像中可以看出温度在 30° 和 40° 之间，昆虫鸣叫的次数随温度的升高而增加。除此之外的温度范围，这种昆虫不鸣叫。根据函数部分相关知识，一次函数的解析式的一般形式是 $y = kx + b$，其函数图像是一条直线。

（1）设 y 与 x 的解析式为 $y = kx + b$，由题意得：

$$\begin{cases} 40k + b = 30 \\ 80k + b = 40 \end{cases}$$

解得 $k = \dfrac{1}{4}$，$b = 20$

∴ y 与 x 的函数关系式为：$y = \dfrac{1}{4}x + 20$（$40 \leqslant x \leqslant 80$）。

（2）当 $x = 56$ 时，$y = \dfrac{1}{4} \times 56 + 20 = 34$

答：当该种昆虫每分钟鸣叫 56 次时，该地当时的气温为 34 ℃。

作业二（研究型——数学应用案例）：

根据以下素材，探索完成任务。

运用二次函数来研究植物幼苗叶片的生长状况	
素材	在大自然里有很多数学的奥秘。一片美丽的心形叶片（如图4－14）或一棵生长的幼苗（如图4－15）都可以看作把一条抛物线的一部分沿直线折叠而形成 图4－14 　　　图4－15 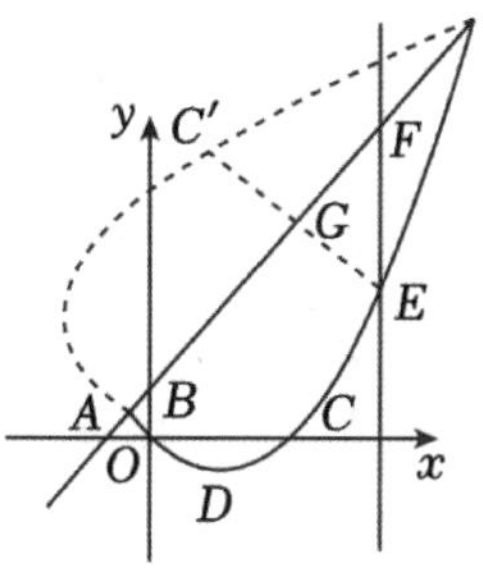 图4－16 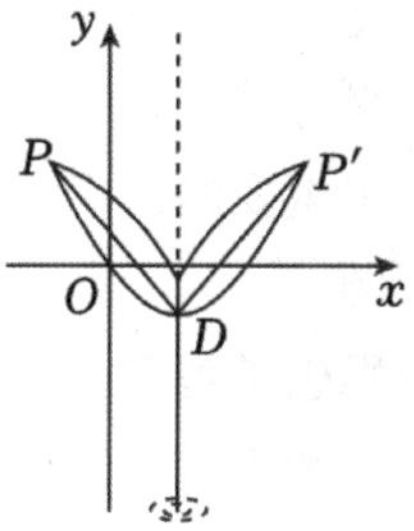　　图4－17 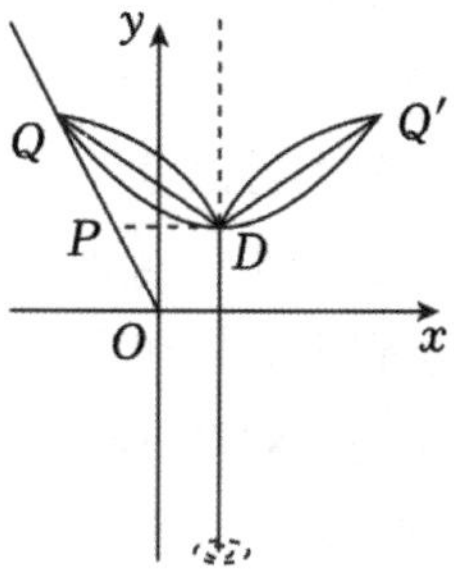　　图4－18
解决问题	
任务1 确定心形叶片的形状	建立平面直角坐标系，心形叶片下部轮廓线可以看作二次函数 $y=mx^2-4mx-20m+5$ 图像的一部分，且过原点，求抛物线的解析式及顶点 D 的坐标
任务2 研究心形叶片的尺寸	如图4－16，心形叶片的对称轴直线 $y=x+2$ 与坐标轴交于 A，B 两点，直线 $x=6$ 分别交抛物线和直线 AB 于点 E，F，点 E，C' 是叶片上的一对对称点，EC' 交直线 AB 与点 G。求叶片此处的宽度 EC'
任务3 探究幼苗叶片的生长	如图4－17，幼苗叶片下方轮廓线正好对应任务1中的二次函数。已知直线 PD 与水平线的夹角为45°。三天后，点 D 长到与点 P 同一水平位置的点 D' 时，叶尖 Q 落在射线 OP 上（如图4－18）。求此时幼苗叶子的长度和最大宽度

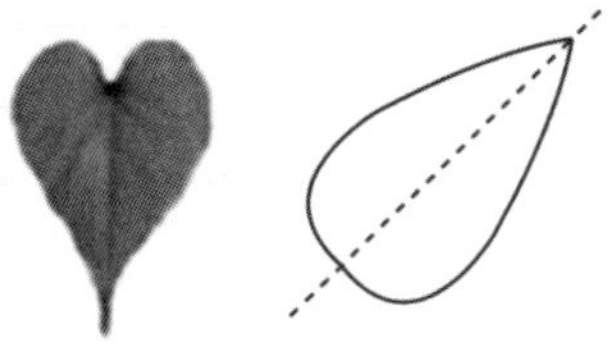

第五节　分类讨论思想（一）

你知道 |a| 等于多少吗？有一个矩形，剪掉它的一个角，还剩几个角呢？把一个小球轻轻放入盛满水的杯子中，溢出 100 g 水，你知道小球的质量是多少吗？面对不同的促销方式，你知道选择哪个商场购物更优惠吗？

分类讨论是一种重要的数学思想方法，同时也是一种解题策略。所谓分类讨论，就是当问题所给的对象不能进行统一研究时，我们就需要对研究对象进行分类，然后对每一类分别进行研究，得出每一类的结论，最后综合各类的结果，得到整个问题的答案。简单地说，把研究的对象按照一定的标准划分成为几种情况或几个部分，逐一进行研究和解决的方法，叫作分类讨论法。

分类讨论是一种逻辑思维。它不只在数学上应用广泛，在自然科学乃至社会科学研究中也起到了很重要的作用。在日常生活中我们也常常用到分类讨论的思想来分析和解决问题。

同学们对分类讨论思想了解多少呢？本节我们一起来学习它并重点运用它来解决数学、物理等学科和生活中的问题。

　　绝对值引起分类

我们知道 $|x| = \begin{cases} x & (x>0) \\ 0 & (x=0) \\ -x & (x<0) \end{cases}$，可令 $x+1=0$ 和 $x-2=0$，分别求得 $x=-1$ 和 $x=2$（称 -1，2 分别为 $|x+1|$ 与 $|x-2|$ 的零点值）。在有理数范围内，零点值 $x=-1$ 和 $x=2$ 可将全体有理数分成不重复且不遗漏的如下三种情况：$x<-1$；$-1 \leqslant x < 2$；$x \geqslant 2$。在化简 $|x+1| + |x-2|$ 时，可分以下三种情况：

　　①当 $x<-1$ 时，原式 $= -(x+1) - (x-2) = -2x+1$；

　　②当 $-1 \leqslant x < 2$ 时，原式 $= (x+1) - (x-2) = 3$；

　　③当 $x \geqslant 2$ 时，原式 $= (x+1) + (x-2) = 2x-1$。

资料来源：2020—2021 学年江苏省海安市乡镇初中九校七年级（上）月考数学试卷（10月）。

思考：在初中代数中，除了绝对值，还有哪些概念、性质、定理会引起分类讨论呢？含字母参数的方程、不等式和函数会因字母取值的不确定性引起分类讨论吗？你能举出合适的例子吗？

作业一（研究型——数学问题）：

（1）若 $|a|=7$，$b^2=9$；若 $ab>0$，则 $a+b=$ _____。

（2）若 $x^2+(m+2)x+16$ 是完全平方式，则 m 等于_____。

（3）当 $1\leqslant x\leqslant 3$ 时，一次函数 $y=kx+3$ 的最小值是 5，则 k 的值为_____。

（4）① $|x-3|+|x+4|$ 的零点值是_____；

② 化简代数式 $|x-3|+|x+4|$；

③ 解方程 $|x-3|+|x+4|=9$。

几何的不确定引起分类

剪一剪：有一个矩形，你剪掉它的一个角，还剩几个角呢？

很多同学可能会脱口而出"5 个"，但实际操作中可以剪出以下三种图形（如图 4-19）：

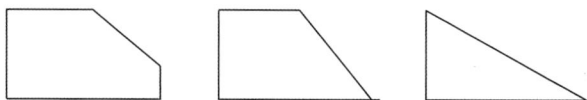

图 4-19

综上所述，剪掉矩形的一个角，还剩 5 个角或 4 个角或 3 个角。

画一画：已知直线 AB 上有一点 C，且有 $CA=7$，$BC=3$，点 M 平分线段 AC，点 N 平分线段 BC，请画出具体的图，并求出 MN 的长度。

分析与操作：因为线段端点的位置是不确定的，所以我们需要分不同情况讨论：

① 点 C 在线段 AB 延长线上：

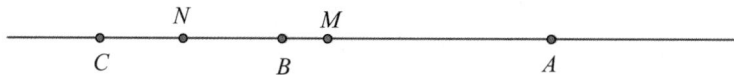

$$MN = CM - CN = \frac{1}{2}CA - \frac{1}{2}CB = 2$$

②点 C 在线段 AB 上：

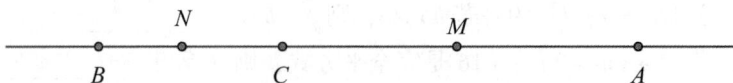

$$MN = CM + CN = \frac{1}{2}CA + \frac{1}{2}CB = 5$$

综上所述，线段 MN 的值为 2 或 5。

归纳：

（1）分类讨论三大原则：

①划分后各个子项应当互不相容（不重）；

②划分后各个子项必须穷尽母项（不漏）；

③每次划分都应按同一标准。

（2）分类讨论四个基本步骤：

①确定分类讨论对象；

②确定分类的标准；

③逐类解决问题；

④综合概述结论。

作业二（操作型——模型制作）：

（1）剪一剪，拼一拼：如图 4 – 20 所示，有一张一个角为 30°、最小边长为 2 的直角三角形纸片，沿图中所示的中位线剪开，将两部分拼成一个四边形，所得四边形的周长是_____。

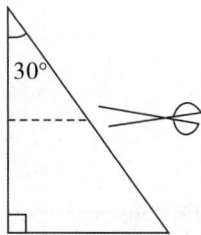

图 4 – 20

（2）画一画，算一算：在同一平面上 $\angle AOC = 80°$，$\angle BOC = 30°$，射线 OM 平分 $\angle AOC$，ON 平分 $\angle BOC$，则 $\angle MON =$ _____。（先画图，再求 $\angle MON$）

（3）在半径为 5 cm 的 $\odot O$ 中，弦 $AB = 5$ cm，点 C 是 $\odot O$ 上任意一点（不与 A，B 两点重合），则 $\angle ACB =$ _____。（先画图，再求 $\angle ACB$）

怎样选择更优惠

为了促进消费，甲、乙两家商场以同样的价格出售商品，又各自推出不同的促销方案。甲商场的优惠方案：购物价格累计超过 200 元后，超出部分按 70% 付费；乙商场的优惠方案：购物价格累计超过 100 元后，超出部分按 80% 付费。若某顾客准备购买标价为 x（$x > 200$）元的商品，到哪家商场购物花费少？

一位购物达人做了以下分析：

在甲商场购买的优惠价 $= 200 + 70\% \times (x - 200) = (0.7x + 60)$（元）；

在乙商场购买的优惠价 $= 100 + 80\% \times (x - 100) = (0.8x + 20)$（元）。

①当顾客在甲商场购物花费较少时，$0.7x + 60 < 0.8x + 20$，解得：$x > 400$；

②当顾客在乙商场购物花费较少时，$0.7x + 60 > 0.8x + 20$，解得：$x < 400$；

③当顾客在甲、乙商场购物花费相等时，则 $0.7x + 60 = 0.8x + 20$，解得：$x = 400$。

∴ 当 $x > 400$ 时，顾客在甲商场购物花费较少；

当 $x = 400$ 时，顾客在甲、乙商场购物花费相等；

当 $200 < x < 400$ 时，顾客在乙商场购物花费较少。

资料来源：2019—2020 学年湖北省武汉市江岸区七年级（下）期末数学试卷。

作业三（研究型——数学应用案例）：

请根据以下提供的材料，为小明做一份方案选择的分析报告，目的在于帮助他选择更合算的优惠方式。

移动公司为了方便学生上网查资料，提供了两种上网优惠方式：A 为计时制，0.05 元/分钟；B 为包月制，50 元/月（只限一台电脑上网）。另外，不管哪种收费方式，上网时都得加收通信费 0.02 元/分钟。假设小明某月上网时间为 x 分钟，选择哪种优惠方式更合算？

分类讨论思想在物理中的应用

在学习物理的过程中常常会用到分类讨论思想。比如运动与力学中的同方向或反方向问题；热学中温度变化（升高或降低）问题；压力压强中是否溢出或是否浸没问题；电学中的替换、位置判断等问题。

学习物体的沉浮时，有这样的问题："把一个小球放在盛满水的杯子里，杯子里的水溢出了100克，那么这个小球的质量是多少?"上述问题考查的是阿基米德原理和物体浮沉条件，从关键词"盛满""溢出"可以判断溢出的水就是排开的水，由阿基米德原理可知 $F_浮 = G_排$，但题目没有说明小球的沉浮情况。因此要考虑三种可能：

①当小球漂浮时，$G_物 = F_浮 = G_排$；

②当小球悬浮时，$G_物 = F_浮 = G_排$；

③当小球下沉时，$G_物 > F_浮 = G_排$。

综上所述，小球重 $G_物 > G_排$ 或者 $G_物 = G_排$，所以小球的质量大于或等于 100 g。

作业四（研究型——数学应用案例）：

（1）将重为 20 N 的金属块挂在弹簧测力计下。当金属块有的体积浸入水中并静止时，弹簧测力计的示数为 18 N；当金属块全部浸入水中时，弹簧测力计的示数可能变为(　　　)。

A. 18 N　　　B. 16 N　　　C. 14 N　　　D. 10 N

（2）在图 4-21（a）所示电路中，R_1 为定值电阻，R_2 为滑动变阻器，电源电压不变。闭合开关 S 后，滑片 P 从 a 端移动到 b 端，电流表示数 I 与电压表示数 U 的变化关系如图 4-21（b）所示，则电源电压为_____ V，R_1 的电阻为_____ A。

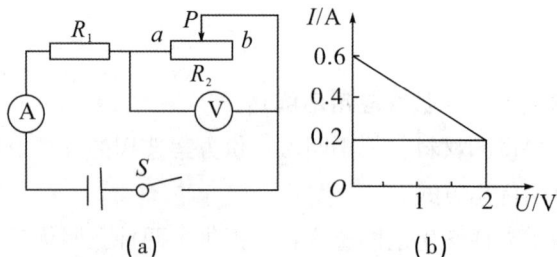

（a）　　　　　　　　（b）

图 4-21

第六节　分类讨论思想（二）

已知等腰三角形的两个顶点，怎样确定第三个顶点呢？已知直角三角形的两个顶点，怎样确定第三个顶点呢？已知平行四边形的两个顶点或三个顶点，能确定几个平行四边形？相似三角形的存在性问题，需要分类讨论解决吗？

分类讨论是"化整为零，各个击破，再积零为整"的策略。我们继续运用分类讨论的思想来探究数学的综合题。

等腰三角形的存在性问题

在平面直角坐标系 xOy 中，已知点 D 的坐标为（3，4），点 P 是 x 轴上的一个动点，如果 $\triangle ODP$ 是等腰三角形，写出点 P 的坐标。

几何法："两圆一线法"，分三种情况讨论。

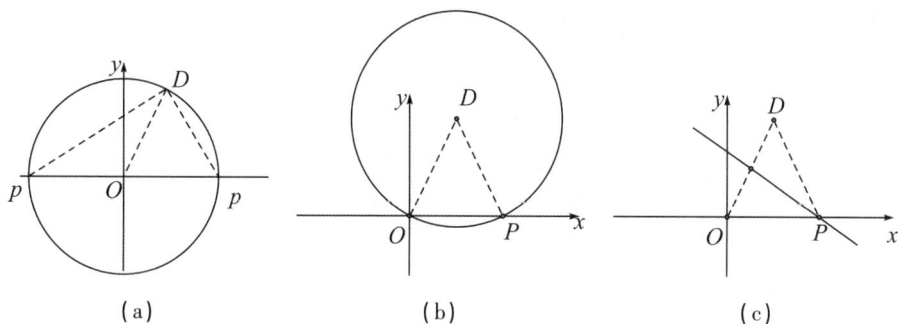

| (a) | (b) | (c) |

图 4 - 22

①如图 4 - 22（a）所示，以 O 为圆心，OD 为半径画圆，$OP = OD$，此时点 P 坐标为（-5，0）或（5，0）；

②如图 4 - 22（b）所示，以 D 为圆心，DO 为半径画圆，$DP = DO$，此时点坐标为（6，0）；

③如图 4 - 22（c）所示，画 OD 的垂直平分线与 x 轴相交于点 P。

代数法：以求图 4 - 22（c）的点 P 为例

①表示点：设 P（x，0），O（0，0），D（3，4）；

②表示线段（利用两点间的距离计算公式）：

$PO^2 = x^2$, $PD^2 = (x-3)^2 + 4^2$;

③分类讨论：因为 $PO = PD$，所以 $x^2 = (x-3)^2 + 4^2$，解得 $x = \dfrac{25}{6}$；

④检验结果：点 P 为 $(\dfrac{25}{6}$，$0)$。

作业一（研究型——数学建模）：

如图 4–23 所示，直线 $y = x + 3$ 与双曲线 $y = \dfrac{k}{x}$（$k > 0$）的图像相交于点 A（1，4），与 y 轴相交于点 P，在 y 轴上存在点 B，使得 $\triangle PAB$ 为等腰三角形，求点 B 的坐标。

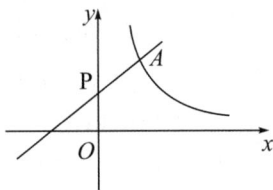

图 4–23

（1）想一想：确定分类的标准；
（2）画一画：利用尺归作图，分类别地描出点 P 的位置；
（3）算一算：选择合适的方法求出点 B 的坐标。

直角三角形的存在性问题

如图 4–24 所示，在平面直角坐标系中，点 A 坐标为（1，1），点 B 坐标为（5，3），在 x 轴上找一点 C，使得 $\triangle ABC$ 是直角三角形，求点 C 的坐标。

几何法："两线一圆法"，以直角为分类标准，分成三种情况讨论。

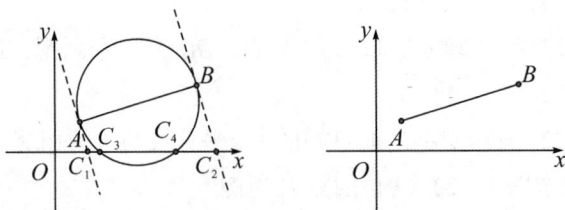

图 4–24

①若∠BAC 为直角，过点 A 作 AB 的垂线，与 x 轴交于点 C_1；

②若∠ABC 为直角，过点 B 作 AB 的垂线，与 x 轴交于点 C_2；

③若∠ACB 为直角，以 AB 为直径作圆，与 x 轴交于点 C_3 和 C_4（直径所对的圆周角为直角）。

如何根据画出的图求点 C 坐标（构造三垂直）。C_1 和 C_2 的求法相同，以 C_2 为例（图 4 - 25）：

解析：$AM = 2$，$BM = 4$，$C_2N = 3$

易证△AMB ∽ △BNC_2，利用 $\dfrac{AM}{BN} = \dfrac{BM}{C_2N}$，求得 $BN = \dfrac{3}{2}$，$C_2\left(\dfrac{13}{2}, 0\right)$。

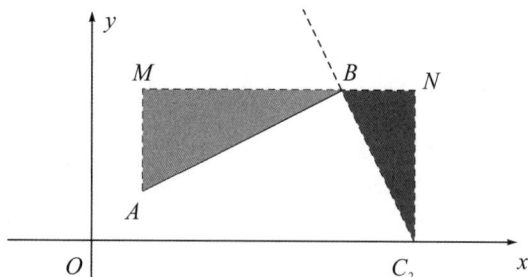

图 4 - 25

C_3、C_4 求法相同，以 C_3 为例（图 4 - 26）：

解析：设 $C_3M = x$，$AM = 1$，$BN = 3$，$MN = 4$，

易证△AMC_3 ∽ △BNC_3，由 $\dfrac{AM}{C_3N} = \dfrac{C_3M}{BN}$ 得

$\dfrac{1}{4 - x} = \dfrac{x}{3}$，解得 $x = 1$ 或 3，所以 C_3（2，0）或（4，0）。

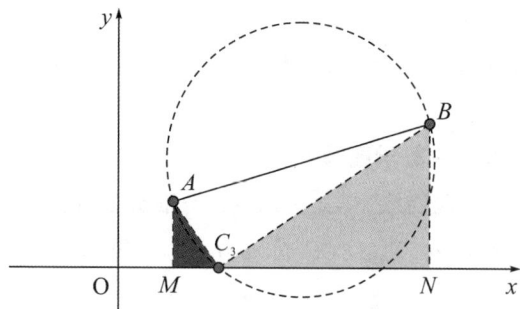

图 4 - 26

代数法：(以求 C_1 的坐标为例，如图 4-27 所示)

①表示点：设 $C_1(m, 0)$，$A(1, 1)$，$B(5, 3)$

②表示线段（利用两点间距离公式）：

$AB^2 = (3-1)^2 + (5-1)^2 = 20$

${AC_1}^2 = (m-1)^2 + 1^2$

${BC_1}^2 = (m-5)^2 + 3^2$。

③分类讨论：因为 $\angle BAC_1$ 为直角，

$AB^2 = {AC_1}^2 = {BC_1}^2$

$20 + (m-1)^2 + 1^2 = (m-5)^2 + 3^2$

解得 $m = \dfrac{3}{2}$。

④检验结果：点 $C\left(\dfrac{3}{2}, 0\right)$

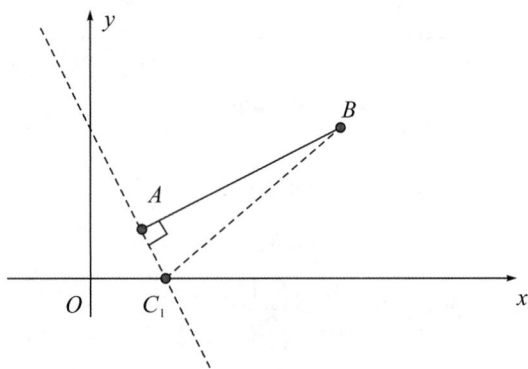

图 4-27

图片来源：陈老师数学辅导中心. 中考数学二次函数与几何综合模型之直角三角形的存在性问题［EB/OL］. 微信公众号（2023-02-22）.

作业二（研究型——数学建模）：

如图 4-28 所示，抛物线 $y = x^2 - 2x - 3$ 与轴交于 A、B 两点，与 y 轴交于点 C。若抛物线上有点 Q，使 $\triangle BCQ$ 是以 BC 为直角边的直角三角形，求点 Q 的坐标。

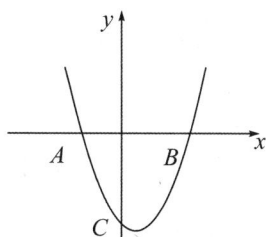

图 4 - 28

（1）操作：根据"两线一圆"构造法，结合题目条件，分类确定点 Q 的位置，并画出相应的"一线三垂直"模型图。

（2）计算：利用相似的性质，求解点 Q 的坐标。

平行四边形的存在性问题

已知直线：经过点 A（-1，0）和点 B（2，3），如果点 C 是 x 轴上一点，D 是 y 轴上一点，且以 A、B、C、D 为顶点的四边形是平行四边形，请直接写出符合条件的 C 点的坐标。

几何法：以 AB 为边（点 D 在 AB 的上方或点 D 在 AB 的下方），以 AB 为对角线。

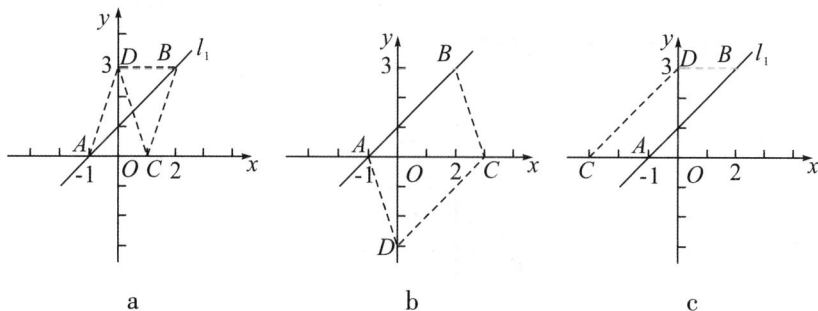

a   b   c

图 4 - 29

综上所述，点 C 的坐标为（1，0）或（3，0）或（- 3，0）。

代数法：利用中点公式，以对角线为分类依据。

A（-1，0），B（2，3），C（x，0），D（0，y）

①AB 和 CD 为对角线，AB 和 CD 的中点重合，$\dfrac{-1+2}{2}=\dfrac{x+0}{2}$，则 $x=1$，点 C（1，0），如图 4 - 29（a）所示；

②AC 和 BD 为对角线，AC 和 BD 的中点重合，$\dfrac{-1+x}{2}=\dfrac{2+0}{2}$，则 $x=3$，点 C (3, 0)，如图 4 – 29（b）所示；

③AD 和 BC 为对角线，AD 和 BC 的中点重合，$\dfrac{-1+0}{2}=\dfrac{2+x}{2}$，则 $x=-3$，点 C (–3, 0)，如图 4 – 29（c）所示。

资料来源：2014 年湖南省邵阳市中考数学冲刺模拟试卷。

作业三（研究型——数学建模）：

如图 4 – 30，抛物线 $y=ax^2+bx+6$ 与 x 轴交于 A (2, 0)，B (–6, 0) 两点。

（1）求该抛物线的表达式。

（2）若点 P 是抛物线上一点，点 Q 是抛物线对称轴上一点，是否存在点 P，使得以 B、Q、C、P 为顶点的四边形是平行四边形。若存在，请求出点 P 的坐标；若不存在，请说明理由。

①算一算：利用代数法求解点 Q 的坐标。

②试一试：利用几何法来求解点 Q 的坐标。

③比一比：哪种方法更适合解决本题？

④悟一悟：结合本题的情况和上述阅读材料，从已知条件出发，归纳一下平行四边形的存在性问题有几种情况。

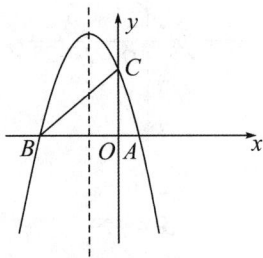

图 4 – 30

相似三角形的存在性问题

如图 4 – 31 所示，已知矩形 $ABCD$ 的边长 $AB=3$ cm，$BC=6$ cm。某一时刻，动点 M 从 A 点出发沿 AB 方向以 1 cm/s 的速度向 B 点匀速运动；同时动点 N 从 D 点出发沿 DA 方向以 2 cm/s 的速度向 A 点匀速运动。若以 A、M、N

为顶点的三角形与 $\triangle ACD$ 相似，则运动的时间 t 为_____秒。

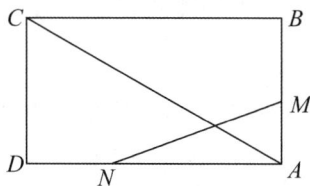

图 4 – 31

解析：因为点 M、N 是动点，$\triangle AMN$ 和 $\triangle ACD$ 的对应边不确定，所以需要分类讨论：

由题意得 $DN = 2t$，$AN = 4 - 2t$，$AM = t$。

情况 1：若 $\triangle NMA \backsim \triangle ACD$，则有 $\dfrac{AD}{AN} = \dfrac{CD}{AM}$，即 $\dfrac{4}{4-2t} = \dfrac{3}{t}$，解得 $t = \dfrac{6}{5}$；

情况 2：若 $\triangle MNA \backsim \triangle ACD$，则有 $\dfrac{AD}{AM} = \dfrac{CD}{AN}$，即 $\dfrac{4}{t} = \dfrac{3}{4-2t}$，解得 $t = \dfrac{16}{11}$。

综上所述 $t = \dfrac{6}{5}$ 或 $t = \dfrac{16}{11}$。

资料来源：2015 年湖北省武汉市中考数学逼真模拟试卷（四）。

作业四（研究型——数学建模）：

如图 4 – 32 所示，在 Rt$\triangle ABC$ 中，$\angle ACB = 90°$，$AC = 8$，$BC = 6$，$CD \perp AB$ 于点 D。点 P 从点 D 出发，沿线段 DC 向点 C 运动，点 Q 从点 C 出发，沿线段 CA 向点 A 运动。两点同时出发，速度都为每秒 1 个单位长度。当点 P 运动到 C 时，两点都停止。设运动时间为 t 秒。

(1) 求线段 CD 的长。

(2) 当 t 为何值时，$\triangle CPQ$ 为等腰三角形？

(3) 当 t 为何值时，$\triangle CPQ$ 为直角三角形？

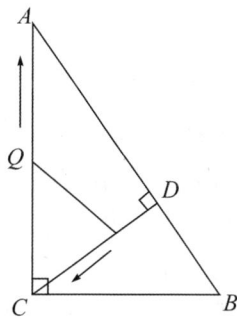

图 4 – 32

第七节　相似三角形的应用实践活动——测量旗杆的高度

　　胡夫金字塔是埃及现存规模最大的金字塔。当时没有先进的测量仪器，但泰勒斯还是轻松地测出了金字塔的高度。你知道他是怎么做到的吗？在中国古代，商高仅用"矩尺"就可以望高、测深、知远，这又是怎么做到的？

　　生活中有非常多不能直接测量的物体，但我们可以将实际问题转化为数学中的相似问题，建立相似模型，那么就可以解决测量的问题。在测量物体长度的过程中，我们往往要借助光的一些性质，如光的反射角等于入射角等。

　　"测量旗杆的高度"是一项具有挑战性的实践活动。完成这一项目，同学们须以数学知识为核心，物理知识为辅助，在一些基本测量、数据收集的基础上进行逻辑分析，并最终计算出旗杆的高度。

如何巧妙测量金字塔的高度

　　在金字塔建成后不久，埃及法老很想知道矗立在自己面前的金字塔的确切高度。但由于当时没有先进的测量仪器，对于这一庞然大物，无数的能工巧匠（包括数学家们）也都不知道该从何处下手对其进行测量。如何才能得知金字塔的高度在一时之间成为难题。直到古希腊几何学家泰勒斯出现，才解决了这一历史遗留问题。那么，泰勒斯是运用什么方法算出金字塔的高度的呢？

　　大家都知道，金字塔是底面为正方形的椎体，四个侧面都是相同的等腰三角形。为了解决问题，泰勒斯日复一日地跑去观察金字塔。他发现，能实地测量的其实只有金字塔底部的边长，但知道这一点还是无法解决问题。每天除了观察，泰勒斯的工作又增添了一项新内容——他站在太阳下开始苦苦思索。一日天晴，当他看到了自己的影子时，突然有了主意！他先找出金字塔底部正方形的一条边的中点，做了个标记，然后就开始观察影子的变化。如何观察影子呢？如图4-33所示，他自己笔直地立在沙地上，请人连续地测量他的影子长度，等到影子的长度等同于他的身高时，他立马跑过去在金字塔影子的顶点处做了个标记；接下来，他立马测量标记到金字塔相应底边中点的距离，将测得的距离再加上金字塔底面边长的一半，所得结果就是金字塔的高度。

图 4 – 33

　　围观的人们看到泰勒斯只需要一把尺子就测出了金字塔的高度，很是惊讶。当然，也不乏一些民众认为，泰勒斯根本就是在欺骗大家，其实他并没有测出金字塔的真实高度来。好奇的人们纷纷过来询问原理。泰勒斯在沙地上简单地画了几笔，便让质疑他的人心服口服。原来，当他立在沙地上时，影子与他等高，他和影子就构成了一个等腰直角三角形。同理，此时金字塔的高（顶点到底面中心的连线）和影子的顶点到底面正方形中心的连线也构成了一个等腰直角三角形。这样一来，求高度转化为求影子长与底边边长一半之和，而这两部分很容易测量。

　　商高的矩尺测量

　　我国最早运用于测量的工具之一便是矩尺。所谓"矩"，如图 4 – 34（a）所示，就是画方形的工具。大约在公元前 1 000 年，西周时期的商高便已经精通使用矩尺测量的方法，并提出了可以利用矩尺和二角形相似的原理进行测量。

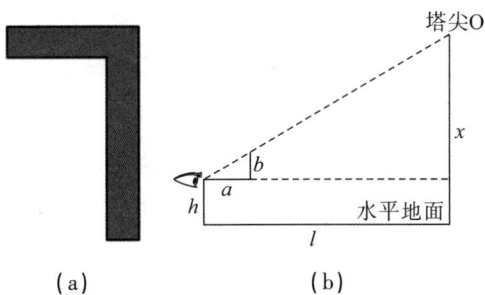

（a）　　　　　（b）

图 4 – 34

　　据《周髀算经》记载，周公（？—前 1105 年）问商高怎么用矩尺测量距离，商高的回答是"……偃矩以望高，覆矩以测深，卧矩以知远……"。其中"偃矩以望高"便是指把矩尺的一边仰着（竖直），另一边放平，就可以测量高度。

如图 4 – 34（b）所示，设矩的水平边长为 a，铅垂边长为 b，人眼从 a 尺端仰望塔尖 O 时，调整人与塔的水平距离，使人眼、塔尖、矩尺的两端在同一直线上。此时量得人距塔底为 l，眼高为 h，有相似则有 $\dfrac{a}{l} = \dfrac{b}{x-h}$，所以塔高 $x = \dfrac{b}{a}l + h$。

作业一（研究型——数学应用案例）：
你能运用上面阅读材料中的知识帮助你设计方案进行测量吗？

方法一：利用阳光下的影子
如图 4 – 35 所示，每个小组选一名同学直立于旗杆影子的顶端处，其他人分成两部分，一部分同学测量该同学的影长，另一部分同学测量同一时刻旗杆的影长。

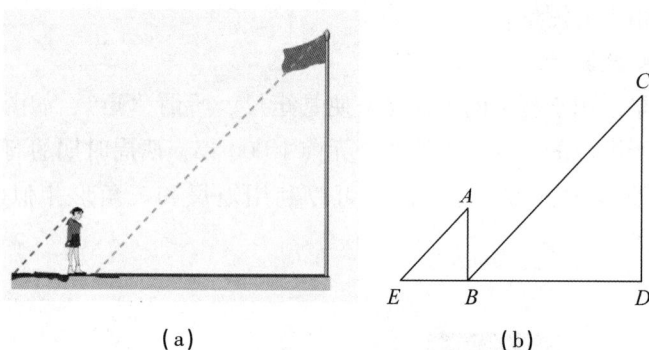

(a)   (b)

图 4 – 35

根据测量数据，你能求出旗杆的高度吗？说明你的理由。

同学身高 AB	同学影长 EB	旗杆影长 DB	计算关系式	旗杆高度 DC

方法二：利用镜子的反射

如图 4 – 36，每个小组选一名同学作为观测者，在观测者与旗杆之间的地面上平放一面镜子，在镜子上做一个标记，观测者看着镜子来回移动，直至看到旗杆顶端在镜子中的像与镜子上的标记点重合，其他同学立即测出观测者的脚到标记点的距离，以及旗杆底端到标记点的距离。

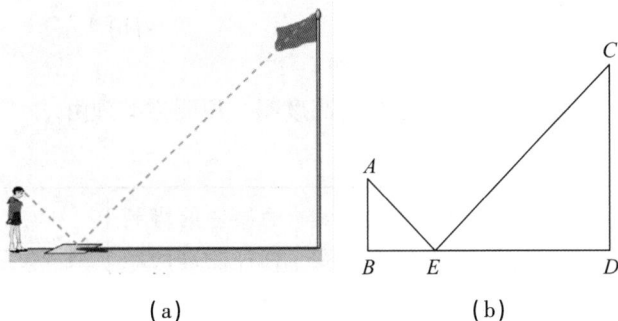

（a）　　　　　　　　（b）

图 4 – 36

根据测量数据，你能求出旗杆的高度吗？说明你的理由。

观测者的眼睛离地面的高度 AB	观测者的脚到标记点的距离 BE	旗杆底端到标记点的距离 DE	计算关系式	旗杆高度 CD

注意：要用到光线的"反射角等于入射角"的知识。

方法三：利用标杆

如图 4 – 37，每个小组选一名同学作为观测者，在观测者与旗杆之间的地面上直立一根高度适当的标杆，观测者适当调整自己所处的位置。当旗杆的顶部、标杆的顶端与眼睛恰好在一条直线上时，其他同学立即测出观测者的脚到旗杆底部的距离，以及观测者的脚到标杆底部的距离，然后测出标杆的高。

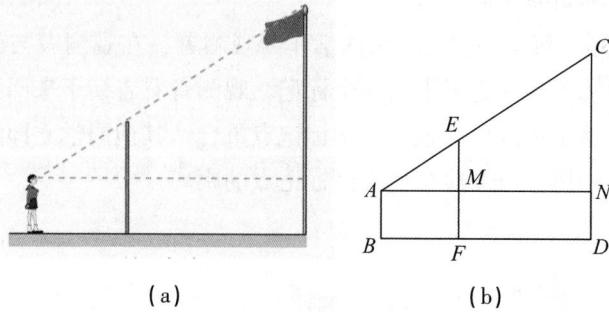

（a）　　　　　　　　　　（b）

图 4 – 37

根据测量数据，你能求出旗杆的高度吗？说明你的理由。

观测者的眼睛离地面的高度 AB	标杆高度 EF	观测者的脚到旗杆底部的距离 DB	观测者的脚到标杆底部的距离 BF	计算关系式	旗杆高度 DC

注意：

（1）观测者的眼睛必须与标杆的顶端和旗杆顶端"三点共线"；

（2）标杆与底面要垂直；

（3）要测量观测者的眼睛离地面的高度。

参考文献

［1］北京教育科学研究院. 义务教育教科书：数学（七年级上册）［M］. 北京：北京出版社，2013.

［2］北京教育科学研究院. 义务教育教科书：数学（九年级上册）［M］. 北京：北京出版社，2015.

［3］布莱克伍德. 数学也可以这样学：自然中的几何学［M］. 林仓忆，苏惠玉，苏俊鸿，译. 北京：人民邮电出版社，2020.

［4］陈华平. 二年级小学生玩24点纸牌游戏与执行功能、计算能力的关系研究［D］. 苏州：苏州大学，2009.

［5］陈老师数学辅导中心. 中考数学二次函数与几何综合模型之直角三角形的存在性问题［EB/OL］. 微信公众号（2023 - 02 - 22）.

［6］陈丽央. 对政治课运用"反证法"的探索与思考［J］. 政治课教学，2004（8）：30 - 32.

［7］陈艳. 小扑克，大课堂［J］. 成才之路，2011（20）：42 - 43.

［8］程树铭. 论图形推理［J］. 毕节学院学报，2014（12）：42 - 52.

［9］大鸭梨. 神奇纸桥［J］. 学苑创造，2019（4）：26 - 27.

［10］丁学明. 神奇的"缺8数"［J］. 课堂内外（小学版），2011（9）：56 - 57.

［11］东春. 奇特的三角数［J］. 数学大世界，2013（Z2）：42.

［12］高丽威，胡延明，韩丹. 转换教育视角，STEAM优化教学：以"平面镶嵌"为例浅谈数学课程开发［J］. 数学学习与研究，2022（18）：39 - 41.

［13］龚勋. 数学家的故事［M］. 北京：应急管理出版社，2019.

［14］郭嵩. 生活中的数学［M］. 北京：科学出版社，2017.

［15］课程教材研究所，中学数学课程教材研究开发中心. 义务教育教科书：数学（七年级上册）［M］. 北京：人民教育出版社，2012.

［16］课程教材研究所，中学数学课程教材研究开发中心. 义务教育教科

书：数学（八年级下册）［M］．北京：人民教育出版社，2012.

　　［17］课程教材研究所，中学数学课程教材研究开发中心．义务教育教科书：数学（九年级上册）［M］．北京：人民教育出版社，2012.

　　［18］焦顺杰，马跃洲．"一笔画"切割在船厂的应用［C］//中国造船工程学会工艺学术委员会．造船企业精益生产学术研讨会论文集．［内部资料］，2011：225.

　　［19］雷敏芝．如何巧妙测量金字塔的高度？［J］．语数外学习（高中版上旬），2020（7）：54.

　　［20］李铁安，张惠云．让学生学会"数学地想"：《好玩的一笔画》教学实录及解析［J］．教学月刊（小学版），2021（3）：21 – 24.

　　［21］李雪琴．数学跨学科教学对初中生 STEM 态度的影响研究［D］．长沙：湖南师范大学，2021.

　　［22］梁实秋．面条［J］．中学生，2015（33）：6 – 7.

　　［23］梁玮．中国谜语探源［J］．宝鸡文理学院学报（社会科学版），2012（S1）：53 – 55.

　　［24］刘富森，苗东军．渗透数学文化落实育人目标："巧算 24 点"教学探索与思考［J］．小学数学教育，2020（9）：37 – 39.

　　［25］刘权华．数学教学的四"然"境界：以"算 24 点"为例［J］．教育研究与评论（课堂观察），2017（2）：37 – 39.

　　［26］刘舜溪．浅谈如何利用排除法解数学选择题［J］．中学生数理化（自主招生），2019（9）：22.

　　［27］刘万龙．隐性遗传与禁止近亲结婚［J］．生物学通报，1990（3）：11 – 12.

　　［28］刘小兵．杨辉三角［J］．小学生学习指导，2022（Z4）：48 – 49.

　　［29］刘兴，张振宇．拓扑性质的建筑学浅析［J］．华中建筑，2010，28（9）：12 – 14.

　　［30］Lee Ming way．"物以类聚，人以群分"：分类讨论思想［EB/OL］．"初中数学教学随笔集"微信公众号（2021 – 01 – 10）.

　　［31］Litte．谁在说真话？［J］．电脑校园，2001（4）：13 – 14.

　　［32］卢南乔．古代杰出的民间工艺家：鲁·公输班［J］．文史，1958（12）：34 – 39.

　　［33］栾建霞．视错觉在交互界面设计中的应用［J］．北京工业大学学报（社会科学版），2015，15（2）：71 – 75.

［34］罗见今. 世界上最古老的三阶幻方：关于组合学起源的讨论［J］. 自然辩证法通讯，1986（3）：49－57，80.

［35］罗木子. 大连文创产业园区建设研究：以"一笔画"文创产业园构建为例［D］. 大连：东北财经大学，2021.

［36］毛泽东. 为人民服务［J］. 湘潮，2021（9）：22.

［37］蒙裕劲. 核心素养背景下信息技术与数学课程融合的思考与实践：以"黄金分割数"教学为例［J］. 广西教育，2023（7）：57－61＋69.

［38］马复. 义务教育教科书：数学（七年级上册）［M］. 北京：北京师范大学出版社，2012.

［39］马复. 义务教育教科书：数学（八年级下册）［M］. 北京：北京师范大学出版社，2013.

［40］缪秉成. 反证法在物理教学中的应用［J］. 物理教师，1982（1）：31－33.

［41］潘有祥. 反证法在物理教学中的实施策略［J］. 宁波大学学报（教育科学版），1998（3）：116－117.

［42］彭林. 初中数学解题规律方法与技巧：巧妙的解题思路［M］. 上海：上海社会科学院出版社，2017.

［43］单岱宗. 拓扑学浅谈［J］. 松辽学刊（自然科学版），1985（3）：55－60.

［44］宋盛华. 由高斯求和问题想到的一种题型［J］. 语数外学习（初中版九年级），2011（C2）：60－61.

［45］汪丽丽. 初中数学综合实践教学改革研究［M］. 长春：东北师范大学出版社，2022.

［46］王磊. 揭秘"缺8数"［J］. 电子制作，2015（16）：65.

［47］王书堂. 公诉人在法庭辩论中对反证法和归谬法的运用［J］. 河南省政法管理干部学院学报，2000（1）：104－106.

［48］王玮. 行政职业能力测验［M］. 兰州：甘肃人民出版社，2008.

［49］王月芬. 重构作业［M］. 北京：教育科学出版社，2021.

［50］王志和. 广义"杨辉三角"的探究与应用［J］. 中学数学教学参考，2020（25）：42－44.

［51］王卓异. 破译数学名词谜语［J］. 小读者，2008（5）：59－60.

［52］夏思远. 一文搞定等腰三角形存在性问题［EB/OL］. "思锐数学"微信公众号（2022－12－26）.

［53］小林. 完美五边形［J］. 智力（提高版），2015（10）：30 + 44.

［54］徐沙沙，王宗信，王新华，等. "24 点游戏"在有理数混合运算中的运用［J］. 语数外学习（数学教育），2013（7）：96 - 97.

［55］徐巍. 有趣的一笔画［J］. 数学小灵通（中旬刊），2023（12）：32 - 34.

［56］姚金红. 奇妙的"缺 8 数"［J］. 中学生数学（初中版），2007（22）：22 - 23.

［57］姚贤镐. 中国近代对外贸易史资料：1840 - 1949［M］. 北京：科学出版社，2016.

［58］严中平，徐义生，姚贤镐，等. 中国近代经济史统计资料选辑［M］. 北京：中国社会科学出版社，2012.

［59］杨静霞. 初中数学核心素养落地签［M］. 济南：山东文艺出版社，2019.

［60］佚名. 追求卓越：制造人生多米诺效应［J］. 商学院，2015（12）：120.

［61］于志洪. 数学家陈景润的故事［J］. 数学小灵通，2020（C1）：70 - 71.

［62］喻俊鹏. 整体思想在初一代数解题中的应用［J］. 中学数学月刊，1997（3）：27 - 28.

［63］张安军. 欣赏"旋转对称"：对教材中"阅读与思考"的拓展与引申［J］. 中小学数学（初中版），2015（4）：5 - 6.

［64］张娇. 分类讨论思想在初中物理解题中的实例分析［J］. 理科考试研究，2016（6）：54.

［65］张玉华. 视错觉的研究及应用［D］. 济南：山东建筑大学，2010.

［66］赵琳. 初中数学欣赏课的教学设计研究［D］. 苏州：苏州大学，2013.

［67］赵曼淇. 数列在日常理财生活中的应用［J］. 黑龙江教育（理论与实践），2014（2）：46 - 47.

［68］赵习水. 数独的跨时空玩法［J］. 大科技（科学之谜），2007（8）：31 - 32.

［69］中华人民共和国教育部. 义务教育数学课程标准（2011 年版）［M］. 北京：北京师范大学出版社，2012.